AF572887

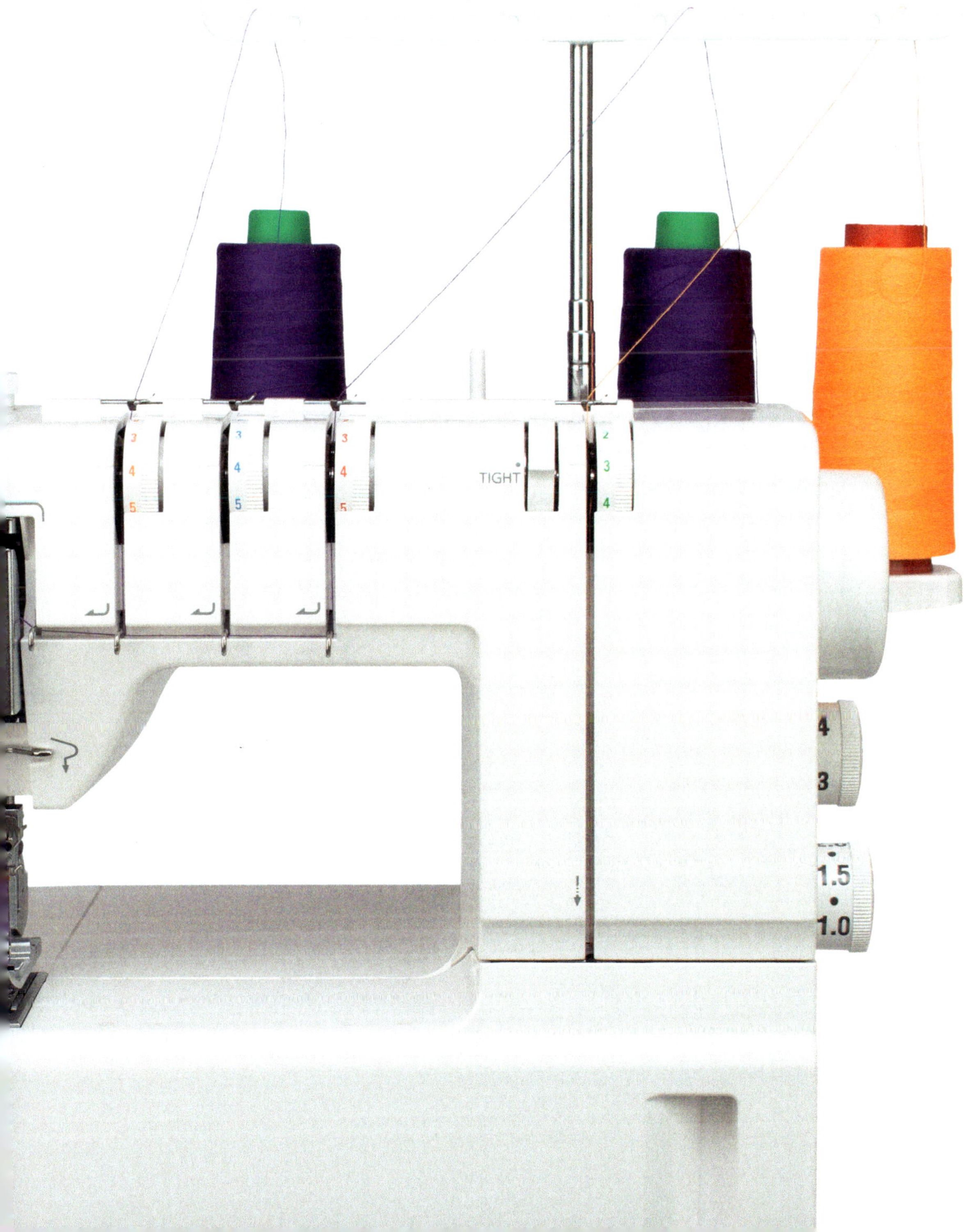

Die englischsprachige Ausgabe dieses Buches erschien 2019 unter dem Titel „Master the Coverstitch Machine – the Complete Coverstitch Sewing Guide“

Autorin: Johanna Lundström
Cover und Buchdesign: Johanna Lundström
Coverfoto: Johanna Lundström
Fotos im Buch: Johanna Lundström
Andere Fotos mit freundlicher Genehmigung von: Brother US, Janome, BabyLock und Juki
Foto der Autorin: Anja Cederbom
thelaststitch.com

Aus dem Englischen von der MCS Schabert GmbH, München, – www.mcs-schabert.de – unter Mitarbeit von Jürgen Brust M. A. (Übersetzung).

Bibliografische Information der Deutschen Nationalbibliothek
Die Deutsche Nationalbibliothek verzeichnet diese Publikation in der Deutschen Nationalbibliografie; detaillierte bibliografische Daten sind im Internet über http://dnb.dnb.de abrufbar.

Printed in Germany

www.stiebner.com

ISBN-13: 978-3-8307-2089-8

Wir produzieren unsere Bücher mit großer Sorgfalt und Genauigkeit. Trotzdem lässt es sich nicht ausschließen, dass uns in Einzelfällen Fehler passieren. Unter www.stiebner.com/errata/2089-8.html finden Sie eventuelle Hinweise und Korrekturen zu diesem Titel. Möglicherweise sind die Korrekturen in Ihrer Ausgabe bereits ausgeführt, da wir vor jeder neuen Auflage bekannte Fehler korrigieren. Sollten Sie in diesem Buch einen Fehler finden, so bitten wir um einen Hinweis an verlag@stiebner.com. Für solche Hinweise sind wir sehr dankbar, denn sie helfen uns, unsere Bücher zu verbessern.

JOHANNA LUNDSTRÖM

PERFEKT NÄHEN mit der COVERLOCK

Tipps, Tricks & Tutorials

stiebner

Für alle, die die wunderbare Welt der Coverlockmaschinen erkunden wollen

INHALT

EINFÜHRUNG

Meine erste Coverlockmaschine habe ich schon zu Beginn des neuen Jahrtausends gekauft, weil ich wollte, dass meine Jersey-Kleidungsstücke professioneller aussehen. Das erwies sich jedoch schwieriger als gedacht, denn ich musste viel experimentieren und mich von Experten beraten lassen, um die Nähmaschine richtig zu beherrschen.

Aus diesen Erfahrungen ist das Buch für Näher und Näherinnen geschrieben, die mehr mit Coverlockmaschinen machen und ihre fantastischen Möglichkeiten entdecken wollen. Sie werden sehen, dass sie weit über das Versäumen von Jerseystoffen hinausgehen.

Und wenn Sie zu denen gehören, die ab und an von ihrer Nähmaschine frustriert sind, dann kann ich Ihnen helfen! Dieses Buch zeigt Ihnen alle Techniken für ein freudvolles Arbeiten mit Ihrer Coverlock.

Viel Spaß beim Nähen!

Johanna

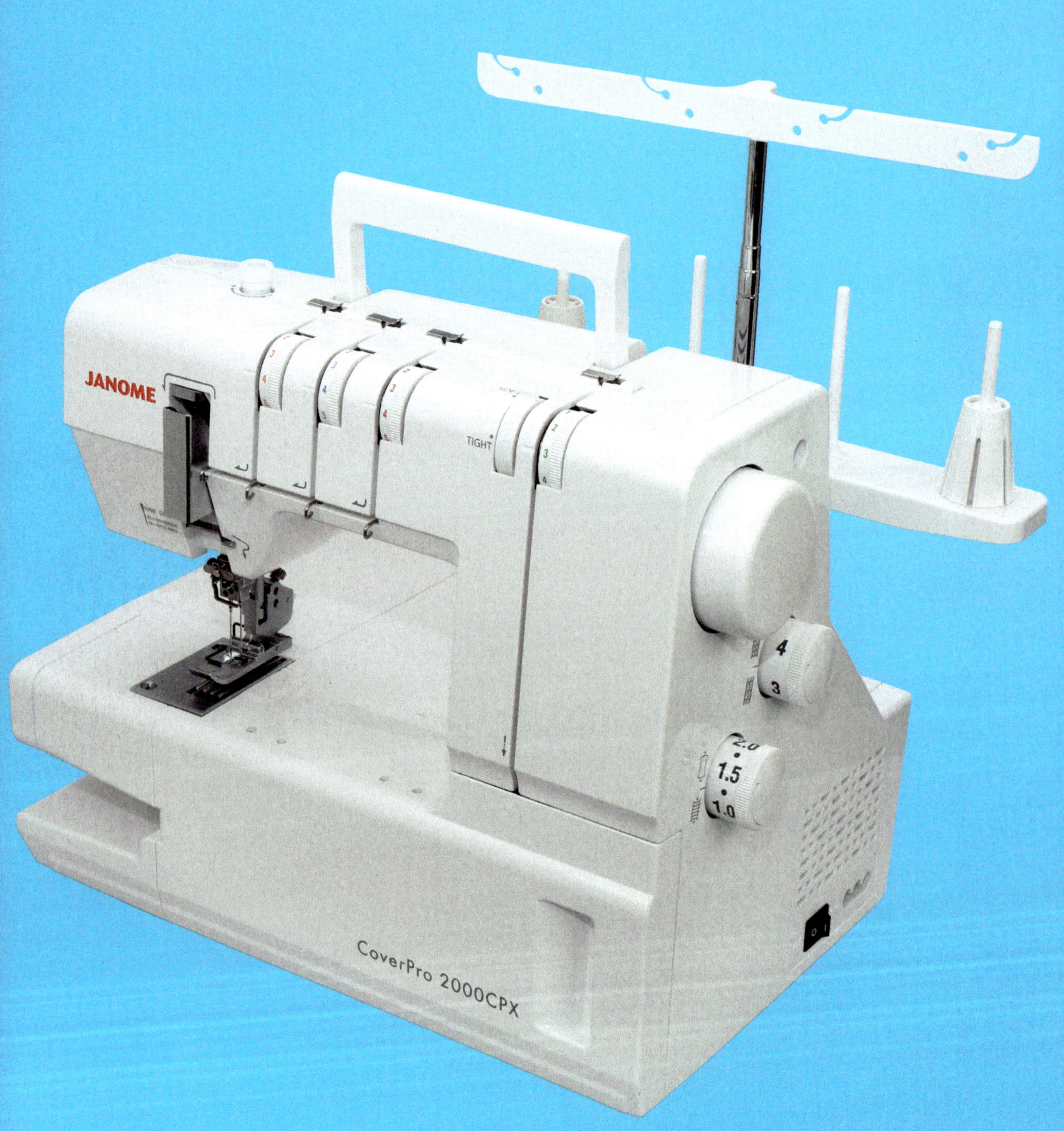
JANOME
TIGHT
CoverPro 2000CPX

KAPITEL 1

DIE COVERLOCK

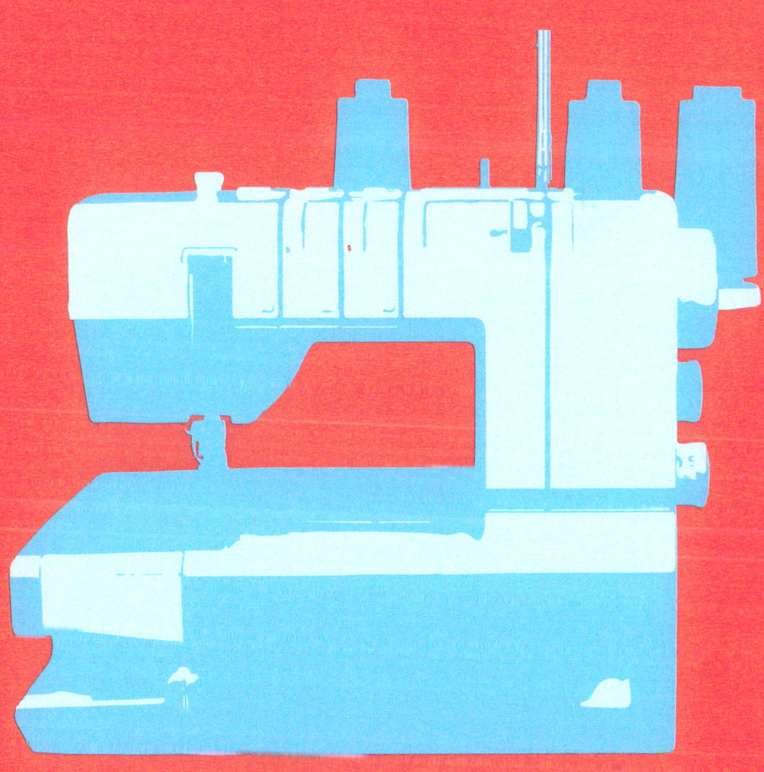

VERSCHIEDENE MODELLE

Im Prinzip lassen sich vier verschiedene Modelle unterscheiden: Coverlock-Maschinen mit zwei oder drei Nadeln, Kombimaschinen und Top-Covermaschinen.

KURZ-ÜBERBLICK

- **EINFACH:** 2-Nadel-Coverlock
- **STANDARD:** 3-Nadel-Coverlock
- **RAUMSPAREND:** Kombination aus Coverlock und Overlock
- **PROFESSIONELL:** Top-Covermaschine

2-Nadel-Coverlock

Sie hat zwei Nadeln und einen Greifer und kann einen 3-Faden-Coverstich sowie einen einfädigen Kettstich nähen. Damit können Sie Jersey-Kleidungsstücke mit dem klassischen breiten 2-Nadel-Coverstich säumen. Dieser eignet sich auch für Einfassbänder am Hals und Gürtelschlaufen an Hosen. Die Maschine verwendet bis zu drei Garnrollen.

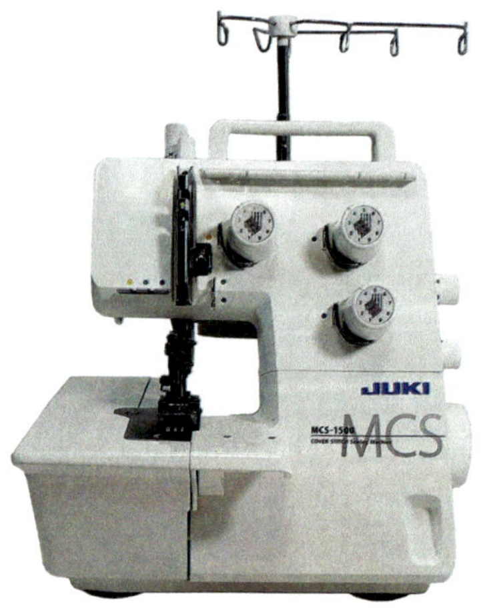

3-Nadel-Coverlock

Sie bietet Platz für drei Nadeln und hat einen Greifer. Diese Maschine ist sehr vielseitig. Sie kann einen breiten und einen schmalen 2-Nadel-Coverstich, einen 1-Nadel-Kettstich und einen 3-Nadel-Coverstich nähen. Der 3-Nadel-Coverstich hat eine sehr charakteristische Rückseite, die gern auch als Zierstich auf der Stoffoberseite eingesetzt wird. Sie verwendet bis zu vier Garnrollen.

Kombimaschine (Kombination aus Overlock und Coverlock)

Sie kann Overlock- und Coverstiche sowie Kettstiche nähen. Mit ihr können Sie Platz und Geld sparen, allerdings sind einige Modelle auch recht teuer. Bei vielen Kombimaschinen müssen Sie das Garn neu einfädeln, wenn Sie zwischen Overlock- und Coverstich wechseln wollen. Das kann ein paar Minuten dauern.

Kombimaschinen haben entweder zwei oder drei Nadeln und beherrschen alle Stiche, die Coverstich- und Overlockmaschinen bieten. Dazu können viele von ihnen einen Sicherheitsstich; sie nähen einen normalen Kettstich und sichern gleichzeitig die Kanten mit einem Overlockstich. Kombimaschinen haben Platz für fünf bis acht Garnrollen.

WUSSTEN SIE SCHON?

- Die meisten Maschinen beherrschen den breiten 2-Nadel-Coverstich.
- Nur Maschinen mit drei Nadeln bieten den schmalen Coverstich.
- Jede Coverlock beherrscht den 1-Nadel-Kettstich.
- Einige Kombimaschinen müssen erst umgerüstet werden, um einen Coverstich zu nähen.

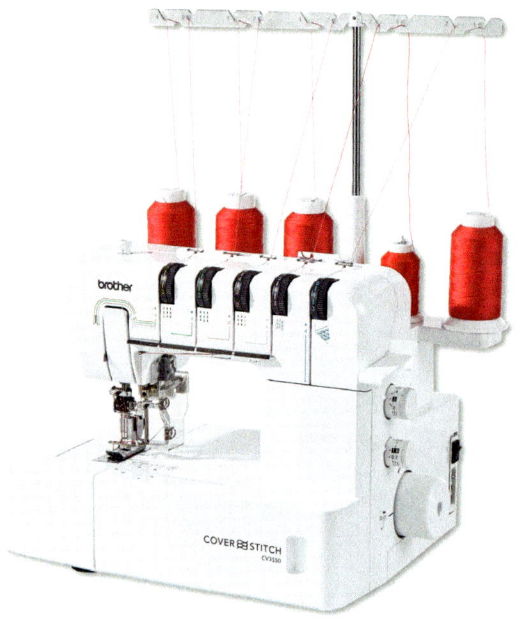

Top-Covermaschine

Diese Coverstichmaschine kann auch einen dekorativen doppelseitigen Coverstich auf der Vorder- und Rückseite des Kleidungsstücks anbringen. Diese Variante funktioniert mit dem breiten 3-Nadel- und dem breiten und schmalen 2-Nadel-Coverstich. Dieser Top-Coverstich ähnelt den industriellen Nähten bei Jerseystoffen und kann für Säume, Ziersteppungen, flache Verbindungsnähte und vieles mehr genutzt werden.

Die Maschine beherrscht zudem den normalen breiten und schmalen 2-Nadel-Coverstich, den 1-Nadel-Kettstich und den 3-Nadel-Coverstich. Dabei werden bis zu fünf Garnrollen verwendet.

KAUFBERATUNG

Eine Coverlock ist ein nützliche Ergänzung Ihres Maschinenparks. Und wenn Sie bereits eine besitzen, haben Sie vielleicht ein besseres Modell ins Auge gefasst?

Wie auch immer, beim Kauf einer Coverlock- oder Kombimaschine gibt es mehrere Dinge zu bedenken.

Wählen Sie die beste Maschine, die Sie sich leisten können

Da hochwertige Nähmaschinen sehr teuer sind, könnte man zu der Überlegung kommen, sich eine preisgünstige Kombimaschine zu kaufen.

Diese Maschinen sind aber oft umständlich zu bedienen und die Qualität der Nähte ist meist bescheidener. Dabei kommt es gerade beim Coverstich auf hohe Qualität an. Wer wenig Geld hat, sollte lieber in eine gebrauchte hochwertige Covermaschine investieren.

Eine gute Coverlock ist langlebig und geht selten kaputt, sodass auch eine ältere Maschine noch wie das sprichwörtliche Uhrwerk funktioniert.

Test vor dem Kauf

Viele Nähmaschinen werden heute online gekauft. Haben Sie aber einen Händler in Ihrer Nähe, nutzen Sie die Gelegenheit, um vor der Entscheidung mehrere Maschinen auszuprobieren.

Der Kauf bei einem erfahrenen Händler kann Ihnen viel Frustration und Ärger ersparen. Manche Marken werden ohnehin gar nicht online verkauft.

Welche Merkmale brauchen Sie?

Wie bereits gesagt, gibt es vier Typen: die normale Coverlockmaschine mit 2 oder 3 Nadeln, die Top-Covermaschine und die Kombination aus Coverlock und Overlock.

Überlegen Sie sich vorher genau, was Sie wirklich benötigen.

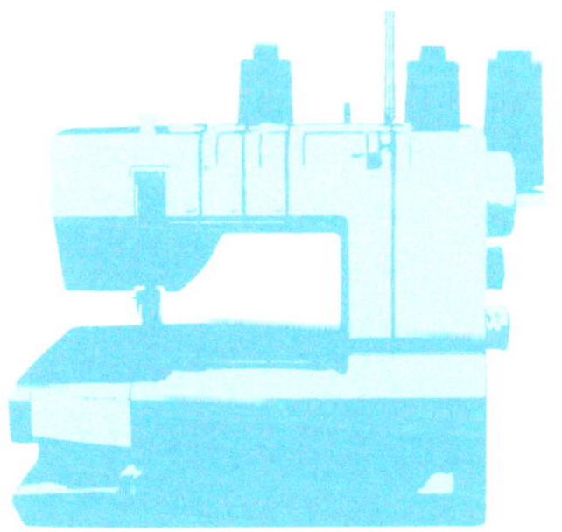

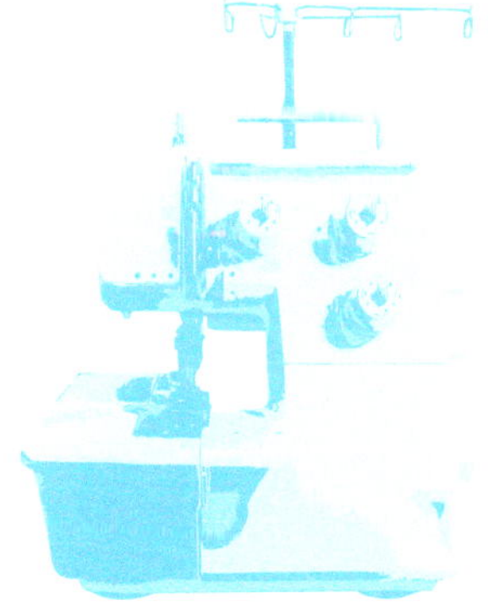

Das Zubehör vergleichen

Bei den meisten Marken kann man eine Reihe von Zubehörteilen kaufen, verschiedene Nähfüße, Bandnähfüße, Saumfüße und Nahtführer. Aber das ist von Marke zu Marke unterschiedlich. So bieten nicht alle Marken Bandnähfüße oder Elastikfüße an.

Es gibt auch Zubehör, das für mehrere Marken passt; andere Teile wie Nähfüße sind markenspezifisch und daher nicht universell einsetzbar. Achten Sie darauf, dass das von Ihnen benötigte Zubehör dabei ist.

Dabei kann man bereits mit dem normalen Nähfuß viel machen. Wenn Sie nicht auf ein günstiges Komplettangebot stoßen, sollten Sie nicht sofort alles mögliche Zubehör kaufen. Machen Sie sich zunächst mit Ihrer Maschine vertraut, dann wissen Sie, was Sie wirklich brauchen.

Bietet der Händler Kurse an?

Einige Händler bieten Kurse zu ihren Coverlockmaschinen an. Da man unter persönlicher Anleitung die Bedienung der Maschine besonders gut erlernt, kann es klug sein, die Maschine beim Händler zu kaufen.

Bewertungen und Nähforen

Heutzutage finden Sie im Internet zahlreiche Bewertungen von Nähmaschinen. Dazu gibt es Facebook-Gruppen und andere Foren, wo man sich mit den Benutzern von Coverlockmaschinen austauschen kann.

MARKEN

- BabyLock
- Juki
- Janome
- Singer
- Pfaff
- Elna
- Brother
- Necchi
- Bernina
- Bernette
- Husqvarna
- Joy

DIE KOMPONENTEN DER MASCHINE

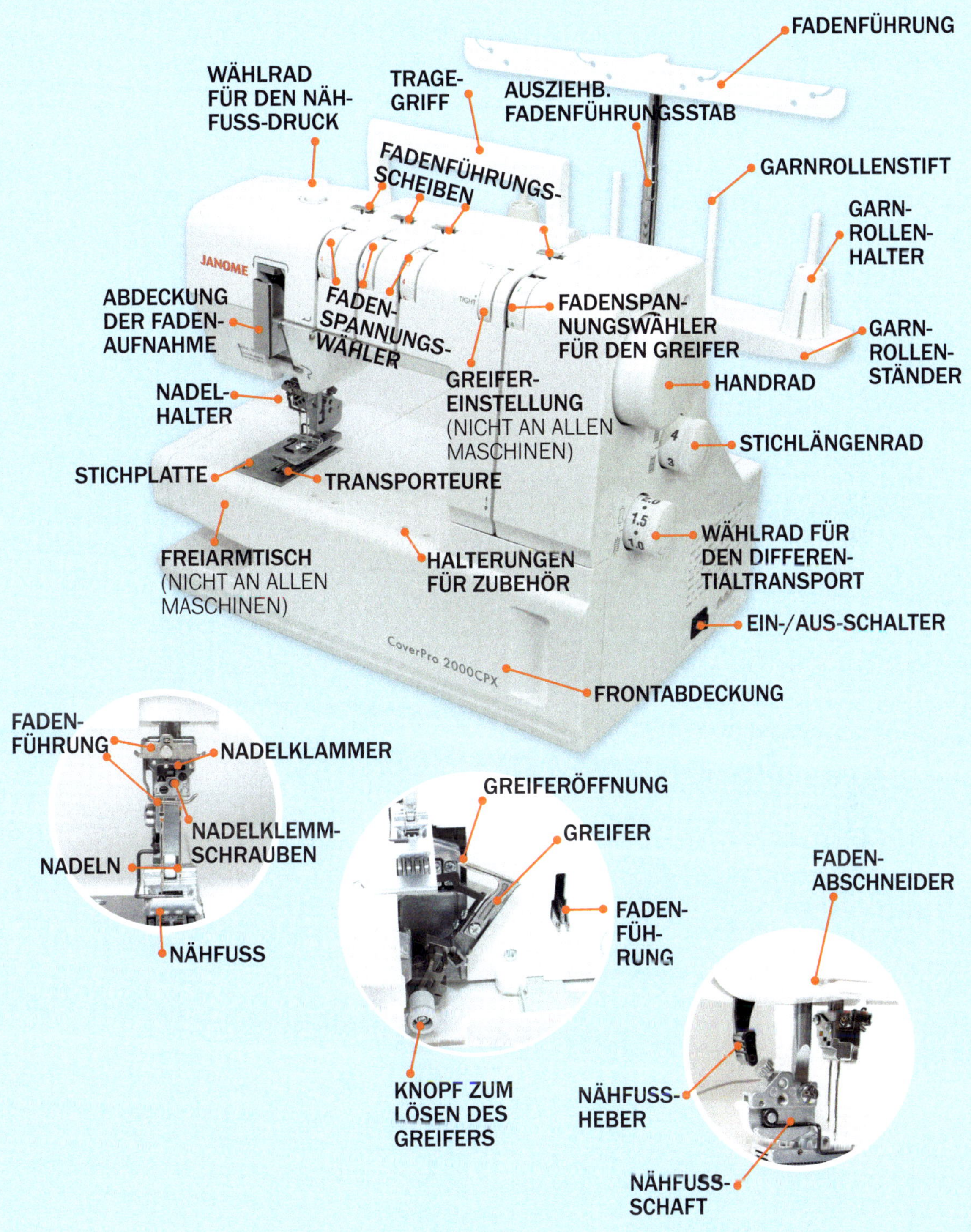

WARTUNG DER MASCHINE

Wenn ein Problem auftritt, prüfen Sie anhand der Bedienungsanleitung, was Sie selbst tun können. Wenn das nicht reicht, suchen Sie einen Nähmaschinen-mechaniker auf.

Wenn Sie sich nicht ganz sicher sind, bauen Sie Ihre Nähmaschine nicht selbst auseinander. Damit setzen Sie die Garantie aufs Spiel.

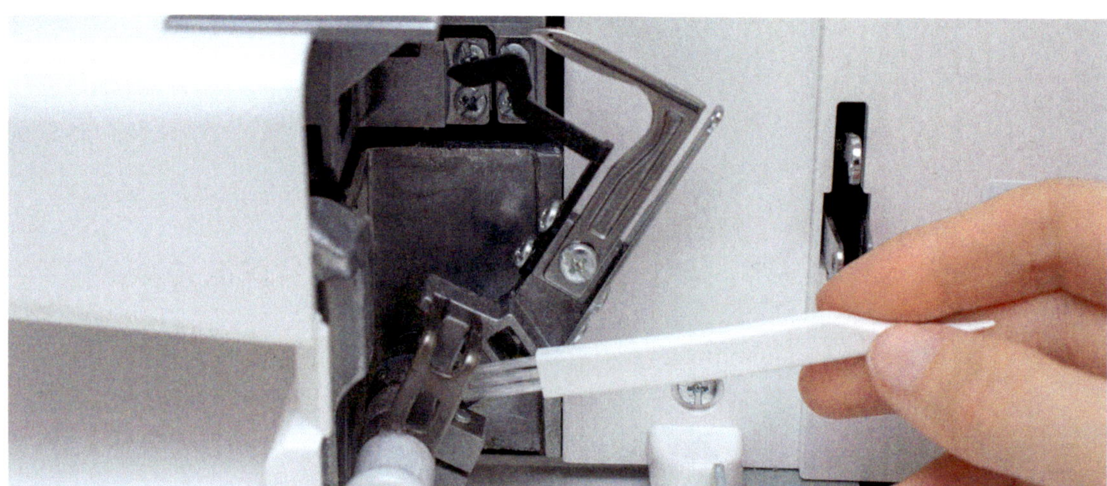

REINIGUNG DER MASCHINE

Eine saubere Nähmaschine sorgt für saubere Nähte. Sie können sie leicht selbst reinigen.

WERKZEUGE FÜR DIE REINIGUNG

Fusselbürste

Meist wird eine Fusselbürste mitgeliefert, Sie können aber auch einen guten, weichen Künstlerpinsel nehmen.

Mini-Staubsauger

Nicht notwendig, aber nützlich. So entfernen Sie Fusseln aus schwer zugänglichen Stellen. Entscheiden Sie sich für ein Gerät mit ordentlicher Saugleistung.

Pinzette

Damit können Sie Fusseln und Fäden aus den Spannungsscheiben und im Greiferbereich entfernen. Geeignet ist eine schmale, spitze Pinzette.

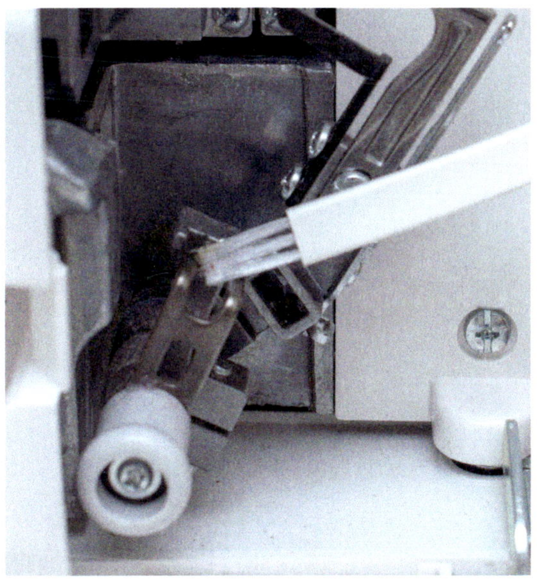

REINIGUNG DES GREIFERBEREICHS

Im Greiferbereich setzen sich die meisten Fusseln fest, besonders bei Kombimaschinen.

1. Den Netzstecker ziehen.
2. Die Frontabdeckung öffnen.
3. Alle Fusseln mit geeignetem Werkzeug entfernen.
4. Meistens müssen Sie noch einmal mit der Bürste darübergehen, um alle Fusseln zu entfernen.
5. Die Frontabdeckung schließen.
6. Mit einem Tuch Staub und Fusseln entfernen, die sich auf der Oberfläche der Maschine abgesetzt haben.

REINIGUNG DES TRANSPORTEURBEREICHS

Fusseln unter der Stichplatte können zu schiefen Nähten führen. Halten Sie diesen Bereich also stets sauber.

1. Vor der Reinigung den Netzstecker ziehen.
2. Nadeln und Nähfuß abbauen.
3. Stichplatte durch Lösen der Schrauben entfernen (gemäß Bedienungsanleitung).
4. Transporteure mit einer Bürste reinigen.
5. Stichplatte wieder einbauen.

REINIGUNG DER SPANNUNGSSCHEIBEN

Fusseln und Fäden in den Spannungsscheiben können die Spannung verändern und für ungleichmäßige Nähte sorgen.

1. Spannung durch Anheben des Nähfußes lockern.
2. Die Scheiben auf die niedrigste Spannung stellen.
3. Fusseln mit einer Bürste entfernen.
4. Fäden lassen sich am besten mit einer Pinzette greifen.
5. Die Fadenspannungswähler reinigen. Dafür können Sie normale Zahnseide nehmen.

ÖLEN DER MASCHINE

Die modernen Coverlockmaschinen sind selbstschmierend und die Hersteller raten meistens vom Ölen ab. Deswegen finden Sie in der Bedienungsanleitung oft nichts über das Ölen der Maschine. Wenn Sie Teile der Nähmaschine ölen, geschieht das auf Ihr eigenes Risiko.

Wenn Sie gegen den Rat des Herstellers die Maschine ölen wollen, gehen Sie sparsam mit dem Öl um und ölen Sie nur die wenigen beweglichen Teile um Greifer und Transporteur. Nehmen Sie auf alle Fälle ein hochwertiges Nähmaschinenöl, das für Coverlock- und Overlockmaschinen geeignet ist.

Die Investition, einen professionellen Nähmaschinenmechaniker Ihre Maschine warten zu lassen, zahlt sich auf jeden Fall aus. Ihre Coverlock wird es Ihnen mit Langlebigkeit danken.

3 4 5 6
1 2 3 4
1 2 3 4
TIGHT
6 7 8 9

Coverlockmaschinen in der Industrie

In der heutigen Textilindustrie spielen Coverlocks eine wichtige Rolle. Damit werden Gürtelschlaufen genäht, Jeans abgesteppt, Einfassbänder am Hals aufgenäht und Jerseystoffe gesäumt.

Aber glauben Sie nicht, dass die Industriemaschinen zuverlässiger sind als die Geräte für den Haushalt.

„Wir haben oft Probleme, obwohl wir einen Mechaniker haben", sagt Maschinenbedienerin Oili Saikkonen.

In der Fabrik der Textiluniversität Borås gibt es sieben Coverlockmaschinen mit unterschiedlichen Einstellungen. In der Industrie wird so eine Maschine selten für mehrere Aufgaben eingesetzt. In der Regel hat sie nur eine Funktion wie das Nähen von Gürtelschlaufen oder das Säumen von Jerseystoffen.

Das Einstellen und Vorbereiten der Coverlocks ist kompliziert, daher spart man viel Zeit, wenn jede Maschine nur für eine bestimmte Aufgabe benutzt wird.

„Die meisten Probleme bereiten falsches Einfädeln und die Nadeln.“

Die erfahrenen Maschinenbedienerinnen Oili Saikkonen und Jasna Caktas sagen, dass Coverlocks die kompliziertesten aller Nähmaschinen sind und sehr sensibel auf falsches Einfädeln und Nadelprobleme reagieren. Wer also meint, dass eine Industriemaschine besser und zuverlässiger als die Haushaltsmaschine ist, sollte Oili Saikkonen zuhören:

„Ich hatte überlegt, mir eine Industriemaschine für die private Nutzung zu kaufen, aber der Mechaniker hat mir abgeraten. Diese Maschinen sind sehr kompliziert und können zahlreiche Probleme bereiten.“

NÄHEN WIE EIN PROFI

- **Fädeln Sie zunächst das Garn in den Greifer ein.** Dann fädeln Sie einen Nadelfaden nach dem anderen ein. Sie dürfen sich nicht ineinander verwickeln. Jeder Faden muss separat verlaufen.

- **Die meisten Probleme kommen von den Nadeln und von falschem Einfädeln.** Prüfen Sie, ob die Nadel defekt ist oder nicht richtig sitzt. Dann achten Sie darauf, dass alle Fäden richtig verlaufen. Coverlocks sind sehr sensibel und reagieren schon auf leichteste Fehler beim Einfädeln.

- **Achten Sie auf die richtige Art und Stärke der Nadel.** Nehmen Sie für Jerseystoffe nur Jerseynadeln. In der Industrie nimmt man Stärke 70 für dünne und Stärke 80 für mittelschwere Jerseystoffe.

- **Wählen Sie das richtige Garn:** Overlockgarn (120 dtex) für den Nadelfaden und Bauschgarn (160 dtex Wollnylon) als Greiferfaden. Damit sehen Säume an Jerseystoffen am besten aus.

- **Achten Sie auf die richtige Spannung.** Der Nadelfaden muss richtig zwischen den Spannungsscheiben sitzen.

- **Fehlersuche.** Nehmen Sie zur Fehlersuche verschiedenfarbiges Garn.

- **Ändern Sie nichts, was funktioniert.** Wenn die Einstellung passt, wird sie dokumentiert und nur aus gutem Grund geändert!

WARUM SIND INDUSTRIEMASCHINEN SCHWIERIGER ZU BENUTZEN?

Schon das Einfädeln ist oft aufwändiger und nicht so intuitiv wie bei Nähmaschinen für den Haushalt. Dazu stehen oft keine Zahlen auf den Fadenspannungswählern. So lässt sich die Einstellung kaum dokumentieren. Die Maschinenbediener markieren die optimale Einstellung meist mit Strichen an den Wählern und der Maschine. Auch das ist ein Grund, weshalb Industriemaschinen immer wieder für dieselbe Aufgabe benutzt werden.

203

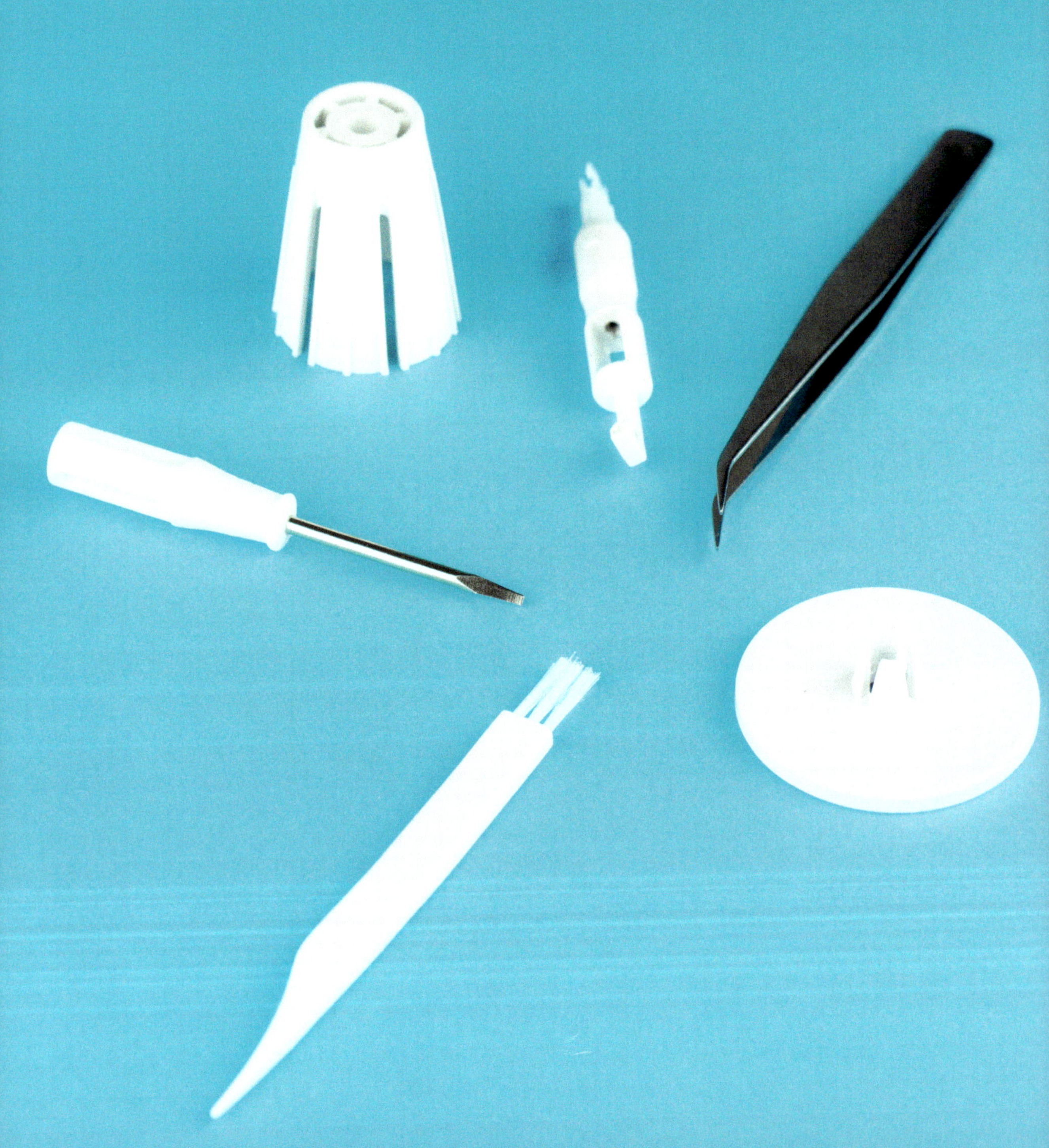

KAPITEL 2

WERKZEUGE

ZUBEHÖR

Bei Coverlockmaschinen wird meist einiges an Zubehör mitgeliefert. Wir zeigen Ihnen die gängigen Teile. Sie können auch einzeln gekauft werden, falls nicht vorhanden.

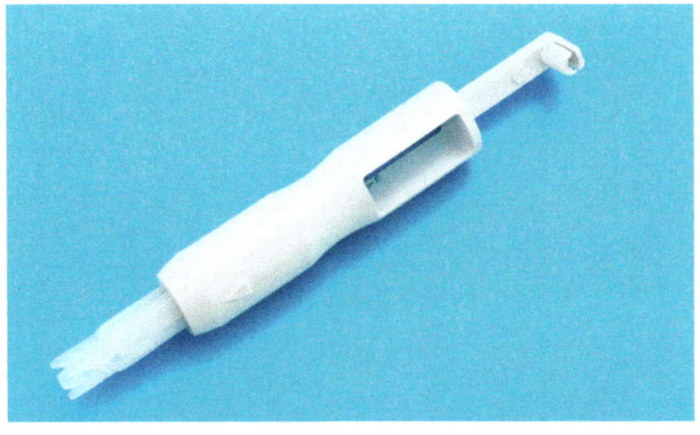

NADELEINSETZER UND EINFÄDLER
Dieses Mehrzweckwerkzeug drückt den Faden in das Nadelöhr und setzt die Nadeln in die Nadelstange ein.

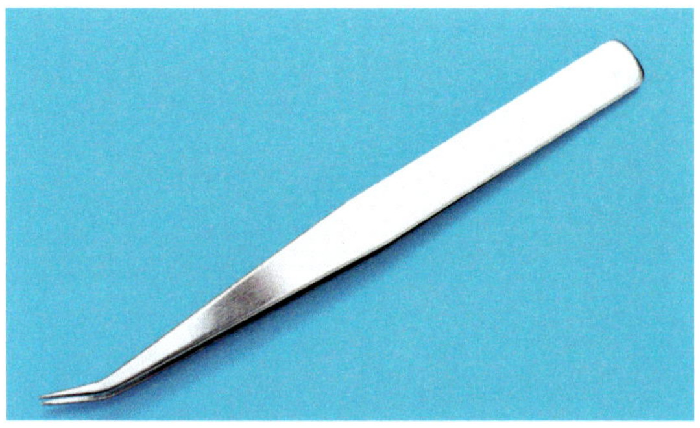

PINZETTE
Mit gebogenen Pinzetten wird das Garn in Greifer und Nadeln eingefädelt. Man kann damit auch Nadeln einsetzen sowie Fusseln und Fäden aus schwer zugänglichen Bereichen entfernen.

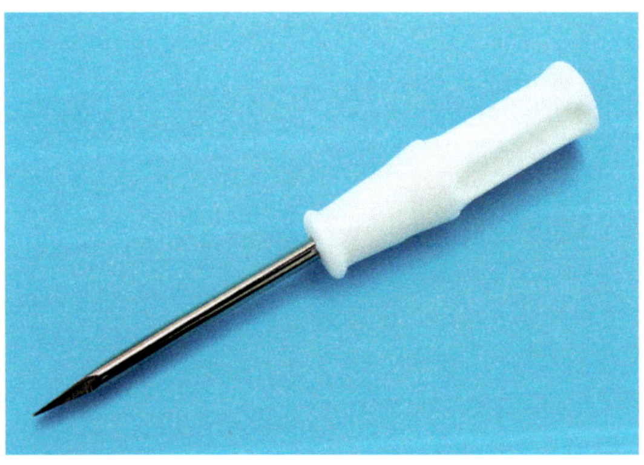

SCHRAUBENDREHER
Er wird zum Freststellen oder Lösen der Nadelklemmschrauben genutzt. Es handelt sich um kleine Schlitz- oder Sechskantschraubendreher.

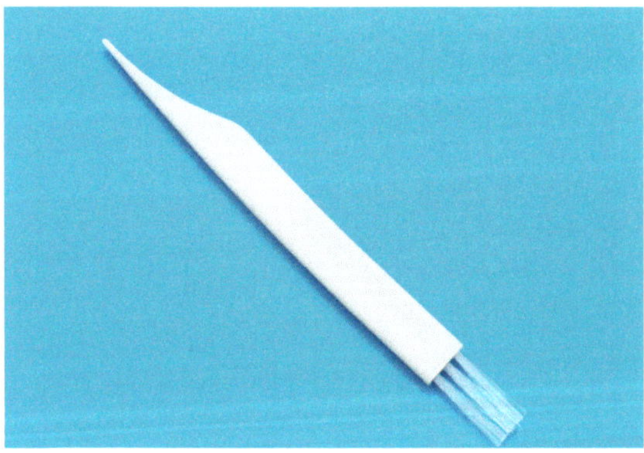

FUSSELBÜRSTE
Diese Bürste entfernt Fusseln und Staub. Das ist die sicherste Methode zur Reinigung Ihrer Nähmaschine.

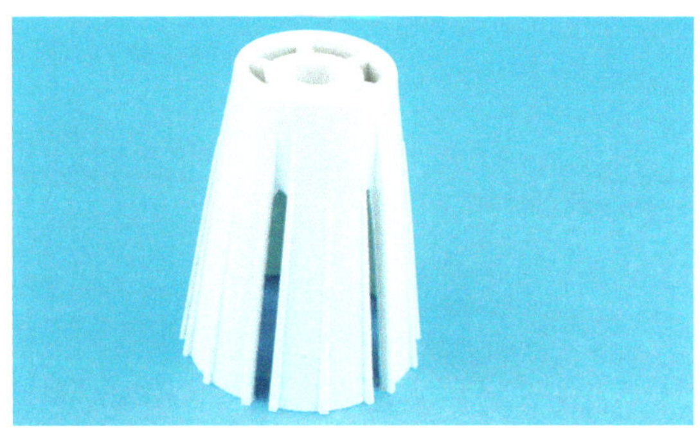

GARNROLLENHALTER

Er ist stabil genug für die großen Garnrollen an Coverlockmaschinen. Der Halter wird auf den Garnrollenstift gesetzt, sodass die Rolle beim Nähen nicht verrutscht.

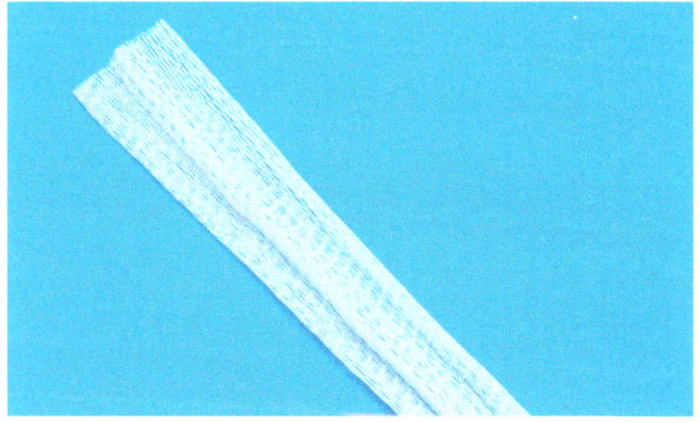

GARNROLLENNETZE

Diese Netze verhindern, dass der Faden unter der Spule klemmt, abrutscht oder sich verwickelt. Sie werden über Garnrollen gezogen.

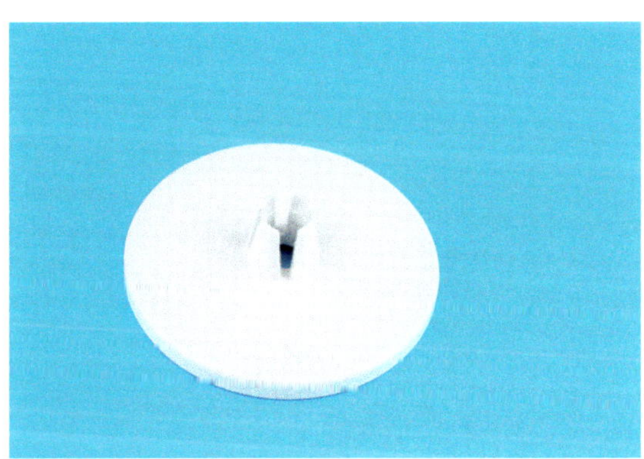

GARNROLLENKAPPEN

Damit läuft der Faden frei und verfängt sich nicht an den rauen Kanten der Spulen, wenn Sie normale Garnrollen an der Maschine verwenden.

SPEZIELLE NÄHFÜSSE

Coverlockmaschinen werden oft nur mit einem Standardnähfuß geliefert, aber viele Marken bieten spezielle Nähfüße zusätzlich an. Dabei gibt es bei den einzelnen Marken große Unterschiede. Nicht alle hier gezeigten Füße gibt es für jede Marke.

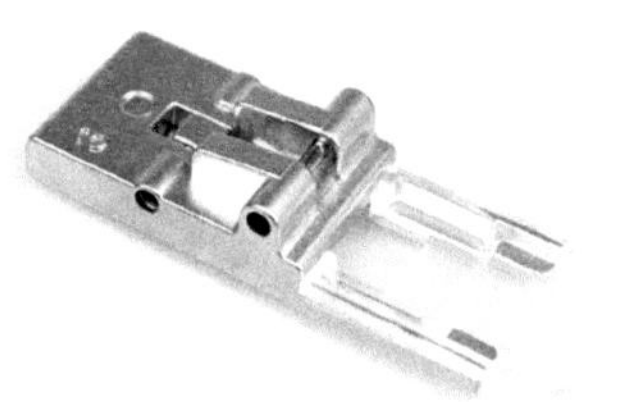

Klarsichteinsatzfuß

Dieser transparente Fuß bietet einen guten Blick auf die Nähte. Er ist nützlich für Zierstiche, Einfassungen und das Nähen über eine Naht. Dieser Nähfuß wird anstelle des Standardnähfußes eingesetzt.

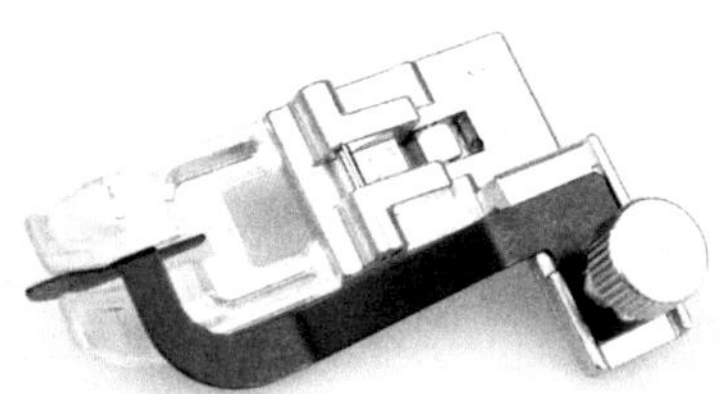

Kantennähfuß

Dieser Nähfuß hat in der Mitte eine Kantenführung, die den Fuß an die Naht oder Stoffkante positioniert. Das erleichtert das Absteppen der Nahtzugabe und in der Nahtlinie das Nähen im Nahtschatten.

Kettstichfuß

Dieser Nähfuß ist für den einfädigen Kettstich. Er gleitet sanft über den Kettstich und ist so geformt, dass man beim Nähen den Blick auf die Naht hat.

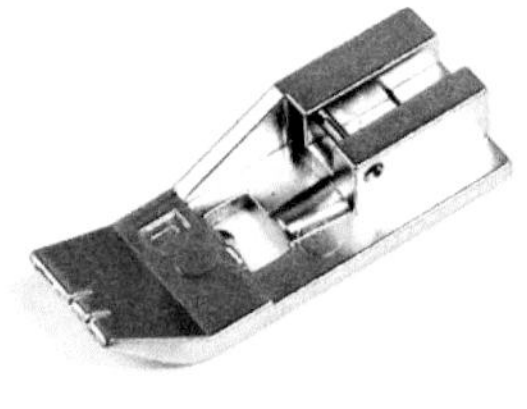

Biesenfuß

Damit nähen Sie Biesen mit der Coverlockmaschine. Wie ein Biesenfuß für eine normale Nähmaschine bildet er Wülste zwischen den Nadeln.

ZUBEHÖR FÜR COVERLOCKS

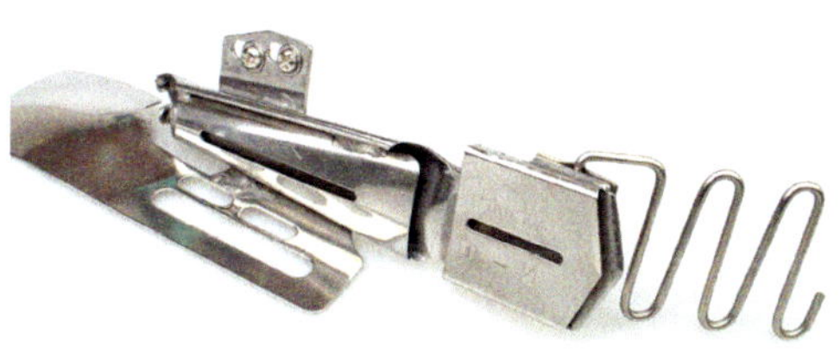

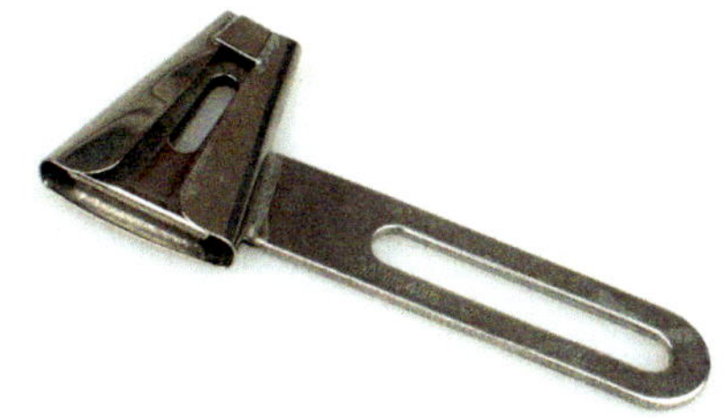

Bandnähfuß
Für Schrägband und Paspeln an Jerseystoffen. Diesen Nähfuß gibt es in zahlreichen Versionen und Größen, auch als Universalzubehör für mehrere Marken. In der Regel werden bei Kinderkleidung eher schmale Einfassungen verwendet und bei Kleidung für Erwachsene breitere.

Gürtelschlaufenführung
Sie faltet schmale Stoffstreifen wie Gürtelschlaufen, Bänder und Kordelzüge. Die Streifen werden so gefaltet, dass die Kanten sich überlappen oder in der Mitte treffen. Die letztere Variante findet man bei industriellen Gürtelschlaufen. Wenn der Hersteller Ihrer Nähmaschine das nicht anbietet, können Sie eine markenlose Führung kaufen und mit Klebeknete oder Klebeband befestigen.

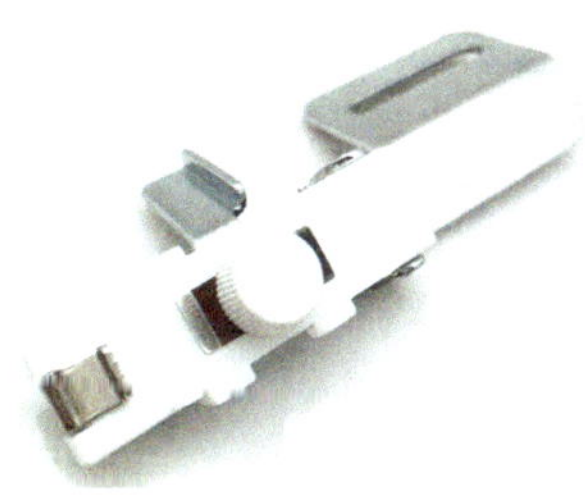

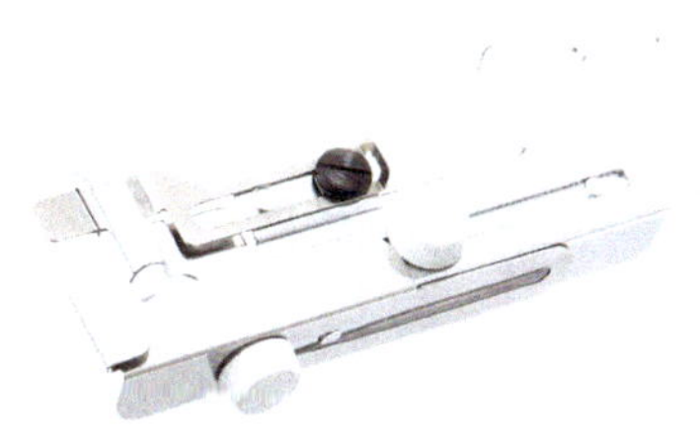

Gummibandfuß
Das Gummiband wird an die einstellbare Führung gelegt. Sie hält das Gummiband in Position und spannt es gleichmäßig. Durch Anziehen der Schraube wird die Kräuselung stärker, beim Lösen lässt die Spannung nach.

Saumführung
Die Saumführung faltet und führt den Stoff und sorgt so für perfekte Säume. Bei einigen Saumführungen ist die Saumbreite einstellbar, aber die Höhe ist in der Regel fest. Daher kann diese Führung an dicken Stoffen scheitern.

ANATOMIE DER NADEL

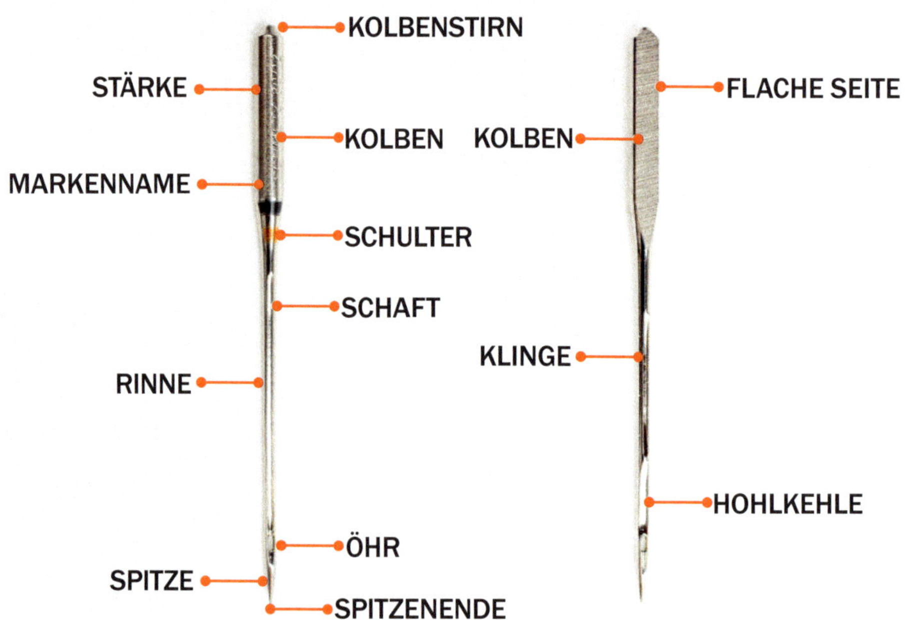

Kolbenstirn: Das abgeschrägte Ende der Nadel.

Kolben: Dieser Teil kommt in die Nadelstange. Bei Nadeln für Haushaltsnähmaschinen ist der Kolben vorn rund und hinten flach. Bei Industrienadeln ist der Kolben rundum rund.

Schulter: Bereich zwischen Kolben und Klinge.

Rinnen: Die Rinnen an der Klinge führen den Faden zum Öhr. Einige Nadeln haben zusätzliche Rinnen hinten an der Klinge, die Fehlstiche vermeiden helfen und Kettstiche bilden.

Klinge: Dank der Klinge dringt die Nadel leichter durch den Stoff. Die Nadelstärke hängt vom Durchmesser der Klinge ab.

Hohlkehle: Dank der Einkerbung über dem Öhr kann der Nähspulenhalter den Faden besser aufnehmen.

Öhr: Durch das Öhr wird der Nadelfaden geführt. Bei stärkeren Nadeln ist auch das Öhr größer.

Spitze: Dieser Bereich dringt zuerst in den Stoff ein. Länge, Form und Stärke hängen vom Nadeltyp ab. Universalnadeln haben eine kleine Kugelspitze, Stretchnadeln eine mittlere Kugelspitze.

NADELSYSTEME

Einige Coverlockmaschinen sind für normale Nadeln konfiguriert, während für andere spezielle Overlock- oder Industrienadeln benötigt werden. Nehmen Sie deshalb die für Ihre Maschine empfohlenen Nadeln. Experimentieren Sie nicht mit falschen Nadeln!

Auch die Länge der Nadel hängt vom System ab. Eine falsche Nadellänge kann die Nähmaschine beschädigen.

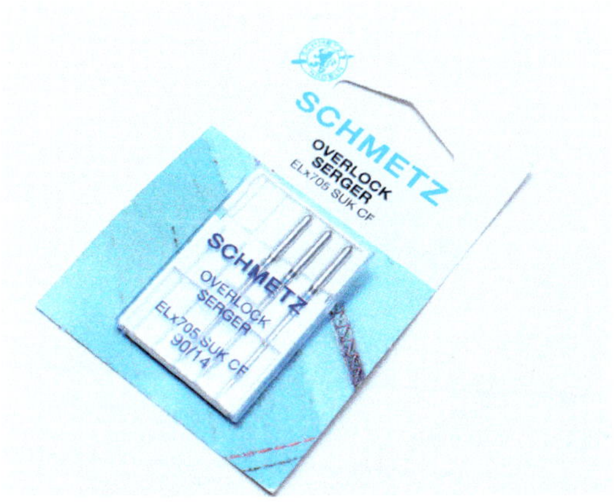

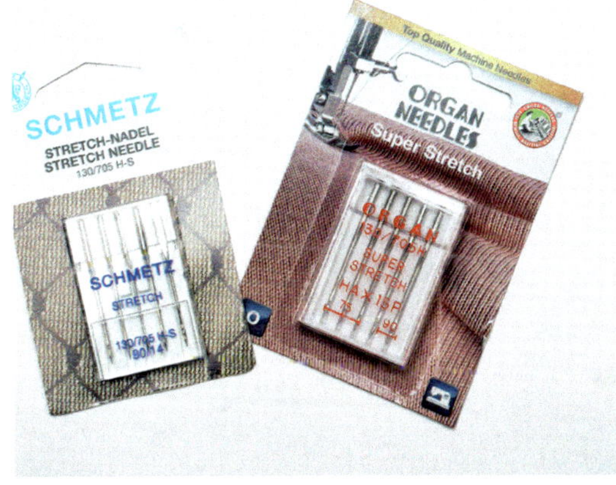

Overlocknadel

Es gibt verschiedene Overlock-Nadelsysteme, unter anderem Elx705 and DCX1 und DBX1. Overlocknadeln sind meist robuster und haben in der Regel vorn und hinten Rinnen. Das beugt Fehlstichen vor und erleichtert Kettstiche wie Coverstiche.

Die meisten modernen Coverlockmaschinen brauchen Overlocknadeln. Ausnahmen finden Sie in der Bedienungsanleitung.

Nähmaschinennadel

Bekannte Systeme sind 130/705H, 15x1, und HAX1. Sie sind meist untereinander austauschbar, die Bezeichnungen sind lediglich markenspezifisch. Nähmaschinennadeln haben glatte Klingen und sind meist weniger robust als Overlocknadeln.

Industrienadel

Wer eine Industriemaschine hat oder kaufen mochte, braucht auch Industrienadeln. Sie kommen oft von den Herstellern, die auch Nadeln für Haushaltsmaschinen anbieten. Bekannte Coverlock-Nadelsysteme sind TVx3SES und UYX128GAS.

NADELTYPEN

Für Coverlockmaschinen eignen sich Universalnadeln und Jerseynadeln.

Universalnadel

Allzwecknadel für Webstoffe und Jersey. Anders als Nadeln, die nur für Webstoffe geeignet sind, hat die Universalnadel eine kleine Kugelspitze und kann deshalb auch für Jerseystoffe geeignet sein.

Jerseynadel

Die Kugelspitze schiebt die Fasern beiseite und sticht keine Löcher in den Stoff. Somit ist sie ideal für Jerseystoffe. Diese Nadel hat eine mittlere Kugelspitze und eignet sich für die meisten Strickstoffe. Sie verhindert auch Fehlstiche und Ziehfäden. Angeboten wird sie als Kugelspitznadel, Overlocknadel oder Jerseynadel.

Stretchnadel

Wenn Sie öfter mit dehnbaren Stoffen wie Spandex arbeiten, sind Stretchnadeln eine gute Wahl. Öhr und Hohlkehle sind so gestaltet, dass keine Fehlstiche vorkommen. Diese Nadeln werden als Stretchnadeln oder Super-Stretchnadeln angeboten. Achten Sie darauf, dass die Nadeln zu Ihrer Nähmaschine passen.

NADELSTÄRKEN

Die Nadelstärke hängt vom Durchmesser der Klinge ab. Wichtig ist, dass die Stärke zur Maschine und zum jeweiligen Projekt passt.

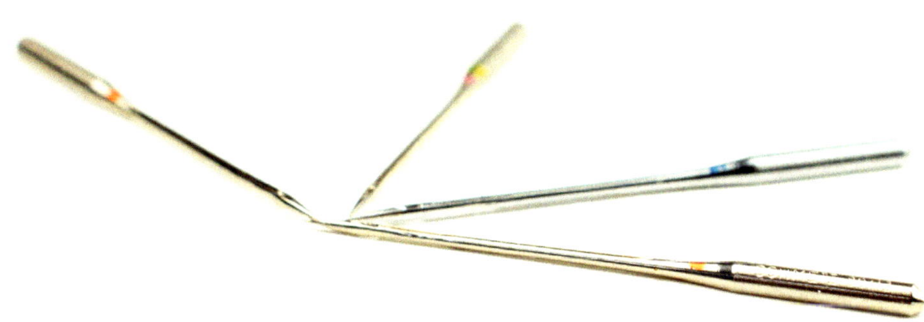

Es gibt zwei gebräuchliche Systeme für die Stärke von Nähmaschinennadeln – das amerikanische und das europäische. Im amerikanischen System haben die kleinsten Stärken eine einstellige Zahl (z. B. 8), das europäische beginnt zweistellig (z. B. 60).

Die Nadeln sind in der Realität aber gleich stark. Gemessen wird der Durchmesser der Nadel kurz oberhalb der Hohlkehle. Viele Hersteller geben in der Prägung auf dem Kolben beide Maßeinheiten an (z. B. 60/8). Je stärker die Nadel, desto höher die Zahl.

- Bei Coverstichen sind die meisten Maschinen auf Nadeln der Stärken 80/12 und 90/14 optimiert.
- Bei sehr leichten Stoffen vermeiden Sie mit dünneren Nadeln unansehnliche Löcher.
- Bei dickeren Lagen, Gummi, festen Webstoffen oder bei Fehlstichen wählen Sie eine stärkere Nadel.

NADELN EINSPANNEN

Die Nadeln müssen richtig tief in der Nadelklammer sitzen, bevor Sie die Schrauben festziehen. Sonst erleben Sie Fehlstiche und ungleichmäßige Nähte.

Einige Coverlockmaschinen haben einen Nadelhalter, der das Einspannen einfacher macht. Wenn dieser bei Ihrer Maschine fehlt, können Sie einen kombinierten Nadeleinsetzer und Einfädler kaufen. Auch eine Pinzette eignet sich zu diesem Zweck.

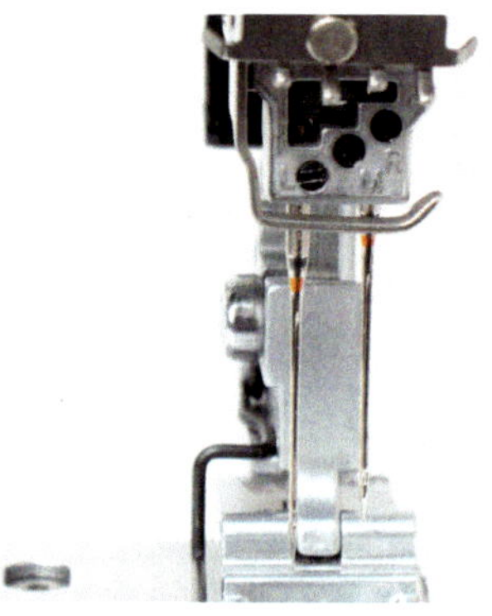

1 **Nadeln anheben.** Drehen Sie das Handrad zu sich, um die Nadeln in die höchste Position zu bringen.

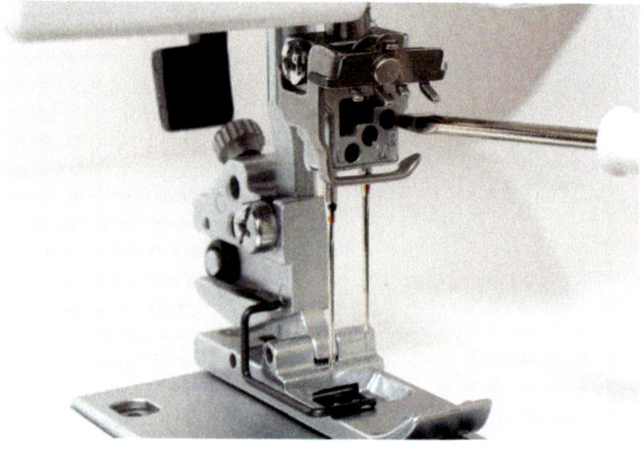

2 **Lösen Sie die Nadelklemmschraube.** Dann entnehmen Sie die Nadel.

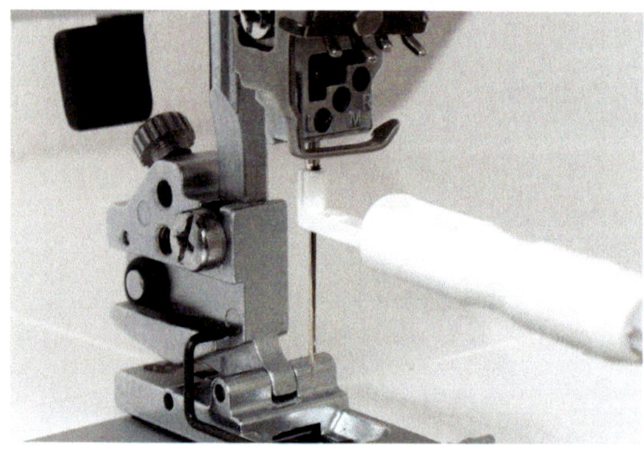

3 **Führen Sie eine neue Nadel in die Nadelklammer.** Schieben Sie sie bis zum Ende hinein. Die Schraube muss dabei ausreichend locker sein.

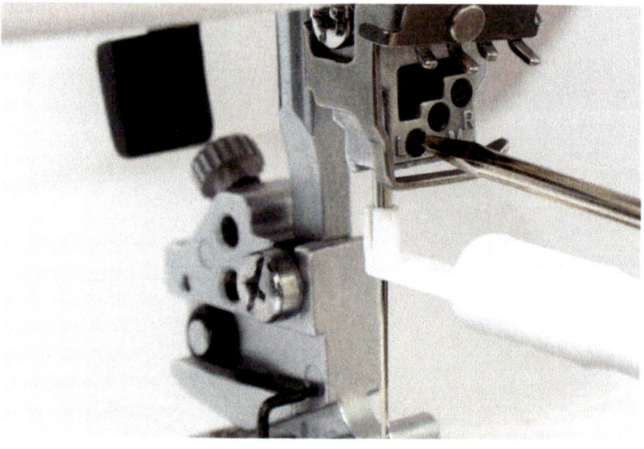

4 **Ziehen Sie die Nadelklemmschraube fest.** Achten Sie darauf, dass die Nadel dabei nicht herunterrutscht. Das geht mit dem Nadelhalter einfacher.

ZEIT FÜR DEN NADELWECHSEL

Wenn Sie überwiegend Jerseystoffe versäumen und nicht über die Stecknadeln nähen, halten die Nadeln der Coverlockmaschinen recht lange. Einige Coverlock-/Overlocknadeln sind durch eine zusätzliche Metallbeschichtung noch haltbarer.

Synthetikstoffe lassen die Nadeln schneller stumpf werden als Naturfasern. Wenn Sie viel Activewear und Bademode nähen, müssen Sie die Nadeln öfter austauschen.

Wenn plötzlich Fehlstiche, ungleichmäßige oder gekräuselte Nähte auftreten, versuchen Sie es mit einem Nadelwechsel. Es lässt sich nicht voraussagen, wie viele Nähstunden eine Nadel hält. Gehen Sie einfach nach dem Nähergebnis. Sie können auch die Nadel auf Schäden untersuchen.

Wenn Ihre Nadeln sich schnell abnutzen, muss die Nähmaschine vermutlich neu eingestellt werden. Das lassen Sie von einem Mechaniker erledigen.

DIE NADEL PRÜFEN

Am einfachsten ist der Vergleich mit einer unbenutzten Nadel. Prüfen Sie die Nadel mit einer Lupe oder den Fingern auf Folgendes:

- Die Spitze ist stumpfer als die der neuen Nadel.
- Die Spitze ist abgebrochen.
- Die Nadel ist verbogen.
- Abnutzung um das Nadelöhr.

GARNE FÜR COVERLOCKS

In der Coverlockmaschine können Sie nicht nur Overlockgarn verwenden, sondern auch anderes. Eventuell sind dann aber andere Einstellungen erforderlich.

Nehmen Sie stets hochwertiges Garn. Minderwertiges Garn führt zu zahlreichen Problemen wie Fehlstichen und unterbrochenen Stichen, Knoten im Garn oder Fusseln, die die Spannung stören oder in die Maschine geraten können.

Probieren Sie bei Problemen einen Wechsel der Garnmarke. Die meisten Coverlockmaschinen sind auf Overlockgarn ausgelegt, aber mit der entsprechenden Einstellung können Sie auch anderes Garn verwenden.

Overlockgarn

Overlockgarn wird meist in Konen von etwa 2700 m Länge angeboten. Diese Menge reicht oft für Jahre; ein Grund mehr, kein Garn schlechter Qualität zu kaufen. Garn altert allerdings. Älteres Garn sollten Sie auf Reißfestigkeit prüfen.

Overlockgarn ist oft aus Polyester und dünner als normales Nähgarn. Die Garnstärke wird in Tex oder Denier (dtex) angegeben – Overlockgarn hat meist T27 (120 dtex) und funktioniert gut mit Coverlockmaschinen.

Die Spulen sind kreuzweise gewickelt, sodass der Faden sich leicht und gleichmäßig abwickelt. Beim Nähen kommt der Faden oben heraus, sodass die Kone sich anders als eine normale Garnrolle nicht dreht. Auch aus diesem Grund ist Overlockgarn auf Konen ideal für Coverstiche. Das Garn läuft unabhängig vom Nähtempo gleichmäßig ab.

Bauschgarn (Wollnylon)

Dieses weiche, elastische und strukturierte Garn ist nicht gezwirnt und bauscht sich auf, weshalb es hervorragend deckt und angenehm auf der Haut ist. Es besteht aus Nylon oder Polyester.

In der Textilindustrie wird es beim Säumen von Jerseystoffen als Greiferfaden benutzt. Als Nadelfaden eignet es sich nicht, weil es sich verziehen kann.

Bauschgarn sorgt für sehr haltbare Nähte und baut Spannung auf. Daher sollten Sie für einen gleichmäßigen Stich die Greiferspannung herabsetzen oder die Nadelspannung erhöhen. Achten Sie beim Bügeln von Nylon auf eine niedrige Einstellung des Bügeleisens.

Es ist ratsam, bei Bauschgarn die Stichlänge zu erhöhen, denn bei einer kurzen Stichlänge kann die Greifernaht zu dick werden.

Nähmaschinengarn

Wenn Sie bestimmte Farben brauchen oder mit Webstoffen arbeiten, ist das normale Nähmaschinengarn die beste Wahl. Verwenden Sie ein Marken-Polyestergarn. Dieses Garn eignet sich für den Nadel- und Greiferfaden gleichermaßen.

Da es meist auf Rollen und nicht auf Konen angeboten wird, sorgen Sie mit einer Garnrollenkappe für freien Lauf der Rolle. In der Regel brauchen Sie bei Nähmaschinengarn die Spannung nicht einzustellen, aber machen Sie ein paar Probenähte, um zu sehen, ob sie gleichmäßig sind.

Topstitch-Garn

Dieses Garn, manchmal auch als Knopfloch- oder Jeansgarn bezeichnet, ist dick, schnurartig und schwerer als Overlockgarn. Es wird zumeist im Greifer verwendet, da sich viele Coverlockmaschinen nicht für dickeres Garn an den Nadeln eignen. Sie können es aber ausprobieren.

Sie müssen eventuell auch die Spannung reduzieren, um gleichmäßige Nähte zu erzeugen. Bei einigen Maschinen muss dickeres Garn auch anders eingefädelt werden. Näheres finden Sie in der Bedienungsanleitung.

Ziergarn

Es gibt unterschiedliches Ziergarn, das sich für Greifer und Nadeln eignet, ganz abhängig vom gewünschten Effekt. Am leichtesten zu verarbeiten ist Overlock-Ziergarn, das mit Farbverlauf auf Rollen kommt.

Sie können auch Garn verwenden, das nicht für Coverlockmaschinen optimiert ist, wie Rayon-Stickgarn und Metallicgarn. Die Nadel muss groß genug sein und die Rolle muss sich leicht abwickeln. Das erreichen Sie mit einer Garnrollenkappe oder einem Garnrollennetz. Einige dickere Garne sind nur für den Greifer geeignet. Wenn der Zierstich ungleichmäßig herauskommt, passen Sie die Spannung an.

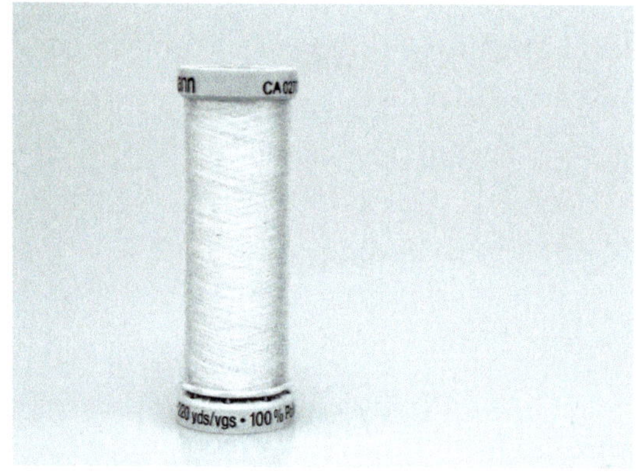

Unsichtbares Nähgarn

Mit transparentem Monofilgarn wird Ihre Naht fast unsichtbar. Dieses ist meist aus Nylon, bei einigen Marken auch aus Polyester. Es sieht aus wie eine Angelleine, ist aber manchmal recht weich und durchaus hautverträglich. Allerdings kann die Einstellung der Spannung eine Herausforderung sein.

TIPP ZU SPEZIALGARNEN

Nicht alle Coverlockmaschinen eignen sich für Spezialgarne. Normales Nähgarn und Bauschgarn funktionieren hingegen meist. Der Rest kann ein Glücksspiel sein.

KURZANLEITUNG ZU GARNEN

1. OVERLOCKGARN. Standardgarn für Coverlockmaschinen, für das sie optimiert sind.

2. BAUSCHGARN. Weiches, elastisches Garn für den Greifer – zum Säumen von Jersey. Wegen der vorhandenen Spannung muss oft die Greiferspannung reduziert werden.

3. NÄHMASCHINENGARN. Eignet sich für Nadel- und Greiferfaden gleichermaßen. Benötigt eine Garnrollenkappe und oft eine Änderung der Spannung.

4. TOPSTITCH-GARN. Wird meist im Greifer als Ziergarn verwendet. Braucht oft weniger Spannung und muss oft anders eingefädelt werden.

5. ZIERGARN. Mit Garnrollennetz oder -kappe läuft das dickere Ziergarn oft besser von der Rolle. Erfordert in der Regel Anpassung der Spannung, ein Netz und bei einigen Maschinen ein anderes Einfädeln.

6. UNSICHTBARES NÄHGARN. Transparentes Garn, meist als Greiferfaden.

ZUBEHÖR FÜR DAS GARN

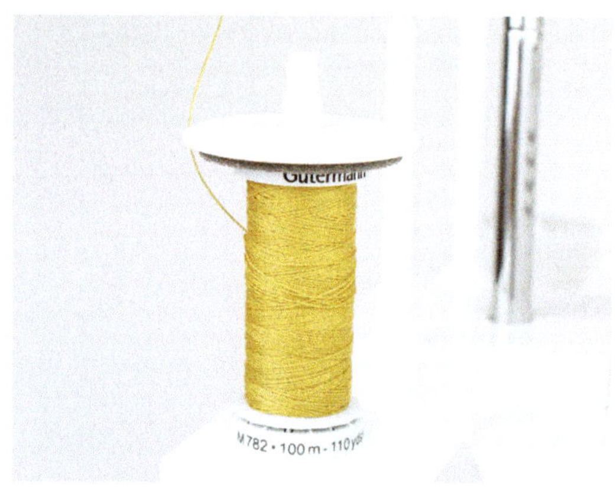

Garnrollenkappe

Mit diesem Adapter können Sie normales Nähmaschinengarn für Coverlockmaschinen verwenden. Er ist breiter als die Garnrolle. So läuft der Faden eher nach oben als seitwärts wie bei normalen Nähmaschinen. Setzen Sie die Garnrolle auf den Garnrollenhalter und die Kappe auf die Rolle.

Garnrollennetz

Das Netz verhindert, dass der Faden einklemmt, abrutscht oder sich verdreht. Probieren Sie, wie das Netz am besten über die Rolle passt. Es muss auch den Boden der Spule abdecken, damit der Faden nicht zwischen Rolle und Halter einklemmt. Das Garnrollennetz ist auch empfehlenswert für Ziergarn wie Rayon-Stickgarn, das damit besser abläuft.

Garnrollenhalter

Der Halter hält die Konen in Position. Stecken Sie ihn über den Garnrollenstift und dann die Kone auf den Halter. Sie muss fest sitzen. Bei sehr großen Konen wird der Halter kopfüber eingesetzt mit dem breiteren Ende nach oben, um die Kone in Position zu halten.

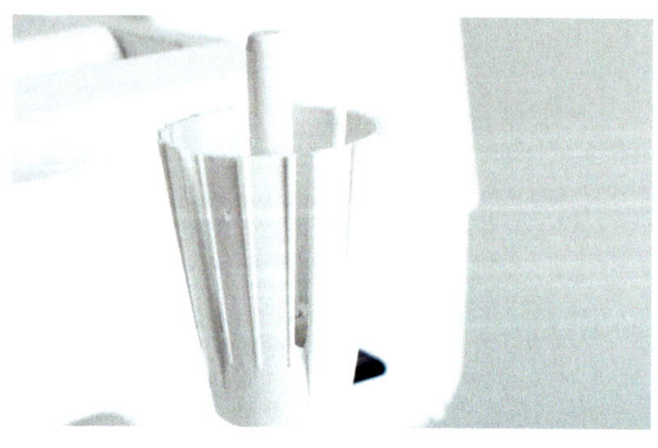

JANOME
TIGHT
CoverPro 2000CPX

KAPITEL 3

EINRICHTUNG

DAS GARN EINFÄDELN

Das Endergebnis hängt stark davon ab, ob das Garn richtig eingefädelt ist. Das Einfädeln sorgt für die meisten Fehler, deshalb sollten Sie hier besonders sorgfältig vorgehen.

Wenn Sie einem Problem nicht auf die Spur kommen können, ist es ratsam, mit dem Einfädeln ganz von vorn zu beginnen. Wie genau das vor sich geht, hängt von der jeweiligen Maschine ab. Die Bedienungsanleitung ist hier unerlässlich. Diese Schritt-für-Schritt-Anleitung soll nur einen Überblick geben.

VORBEREITUNG

- Die Maschine ausschalten.
- Nähfuß anheben, um die Spannung zu lockern.
- Die Frontabdeckung öffnen.

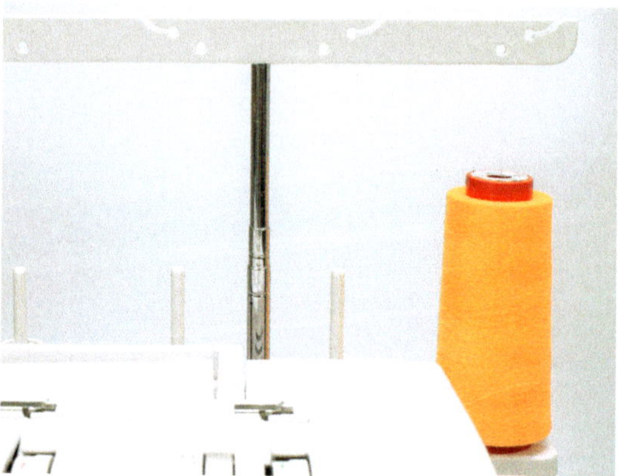

1 **Die Fadenführung ausrichten.** Dazu muss man meist das Handrad in eine bestimmte Position bringen. Greifer und Fadenführung müssen in der Position für das Einfädeln stehen. Näheres finden Sie in Ihrer Bedienungsanleitung.

2 **Beginnen Sie mit der Garnrolle für den Greiferfaden.** Damit Sie richtig sitzt, benötigen Sie eventuell einen Halter oder ein Netz. Unter *Zubehör für das Garn* auf Seite 40 finden Sie weitere Informationen für die Einrichtung der Konen.

3 **Den Faden durch die Fadenführung auf dem Ausfahrmechanismus führen.** Achten Sie darauf, dass er korrekt sitzt und sich nicht verheddert.

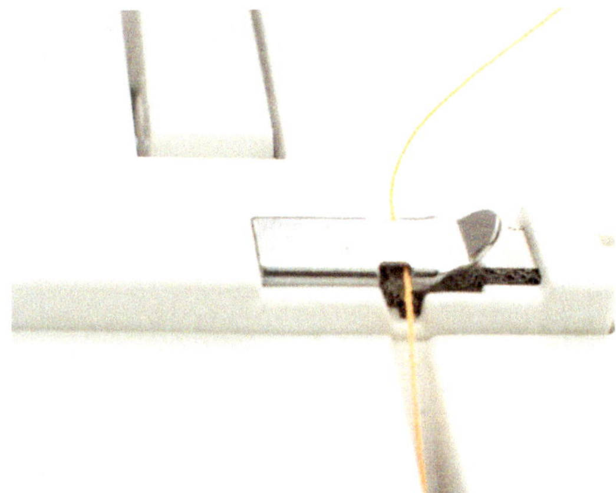

4 **Den Faden in die Führungsplatte führen.** Bei manchen Maschinen führen Sie den Faden über die Führungsplatte, die oberhalb der Spannungsscheiben sitzt.

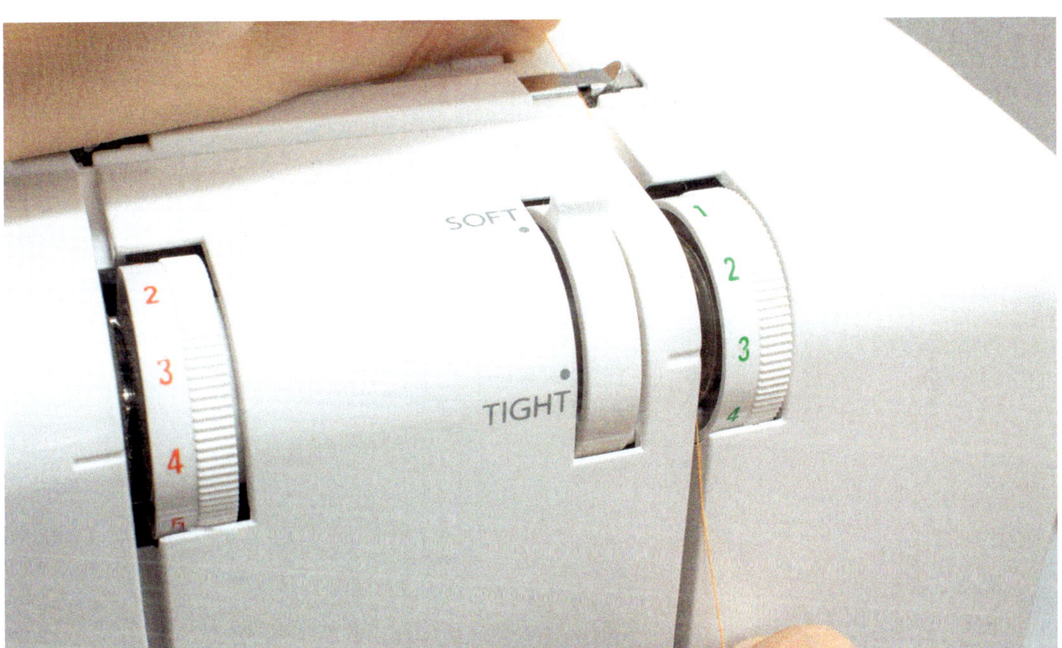

5 **Den Faden durch die Spannungsscheiben führen.** Den Faden an beiden Enden ziehen, damit er richtig zwischen den Spannungsscheiben sitzt. Ziehen Sie ihn vorsichtig vor und zurück. Sie sollten einen leichten Widerstand spüren. Dann sitzt der Faden richtig. Der Nähfuß muss dabei angehoben sein.

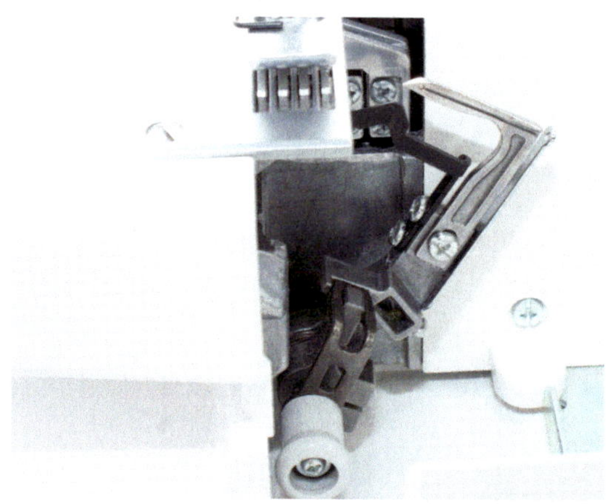

6 **Fäden in die weiteren Führungen im Greiferbereich einlegen.** Gehen Sie nach Ihrer Bedienungsanleitung vor. Das Einfädeln funktioniert bei jeder Nähmaschine etwas anders.

7 **Greifer lockern.** Bei vielen Maschinen muss der obere Greifer zum Einfädeln deaktiviert werden. Näheres finden Sie in der Bedienungsanleitung.

8 **Faden durch das Öhr des Greifers führen.** Faden einfädeln und durchziehen. Eine Pinzette hilft dabei. Etwa 10 cm Faden durch das Öhr ziehen und herunterhängen lassen. Bei einigen Maschinen läuft dieser Schritt automatisch. Sie müssen den Faden nicht selbst durch den Greifer ziehen.

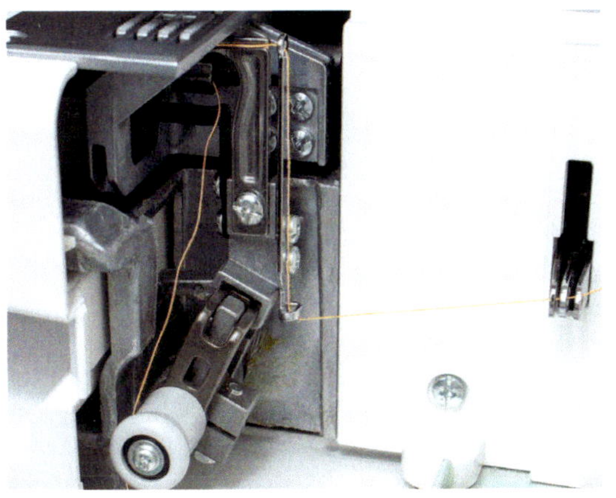

9 **Den Greifer zurückschieben.** Beim Einrasten klickt er.

10 **Fäden in die Nadeln einführen.** Jeder Nadelfaden muss separat von der Fadenführung bis zum Nadelöhr geführt werden. Bei manchen Maschinen wird empfohlen, von links nach rechts vorzugehen. Näheres finden Sie in Ihrer Bedienungsanleitung.

11 **Fäden durch die Fadenführung und die Spannungsscheiben führen.** Keine Fadenführung auslassen. Der Faden muss fest zwischen den Spannungsscheiben sitzen und der Nähfuß oben sein.

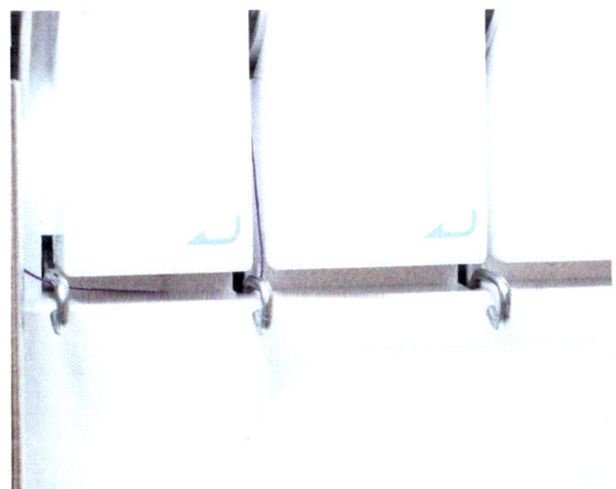

12 **Fäden durch die Fadenführung unterhalb der Spannungsscheiben führen.** Sorgfältig einführen, damit sie nicht wegrutschen.

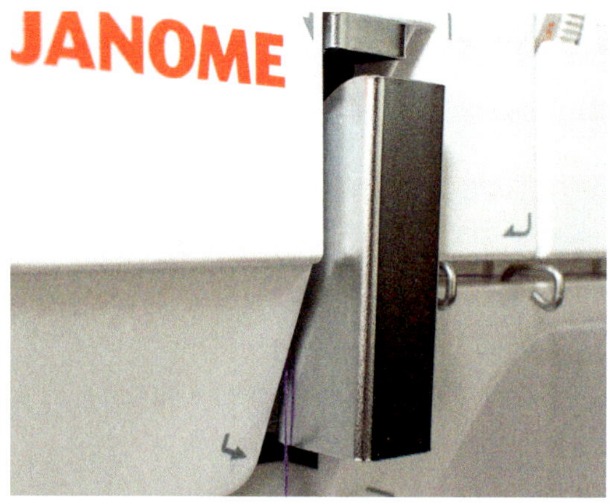

13 **Faden in Fadenaufnahme führen.** Er muss richtig in dem Schlitz hinter der Abdeckung sitzen.

14 **Faden in die Führung an der Nadelklammer führen.** Für jeden Nadelfaden gibt es eine Führung.

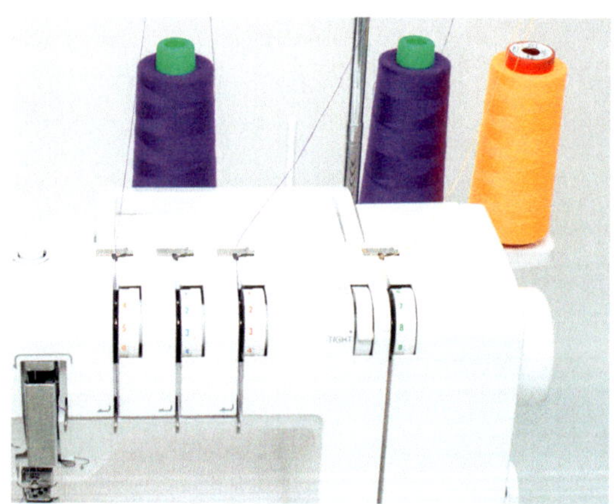

15 **Für jeden weiteren Faden wiederholen.** Jeder Faden muss in der richtigen Führung sitzen und die Fäden dürfen sich nicht verheddern. Das kann an den Nadelkammern schnell passieren.

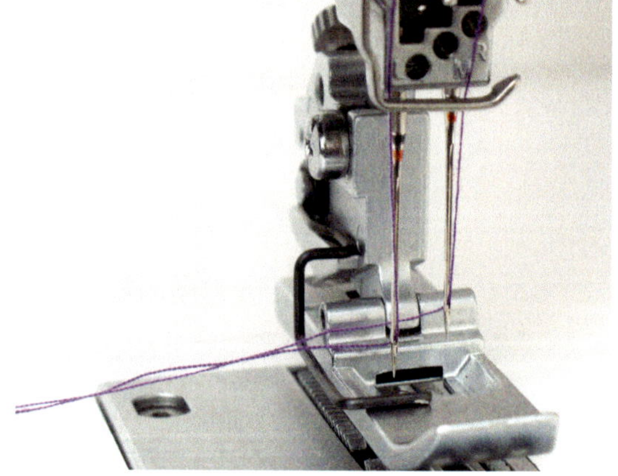

16 **Den Faden von vorn durch das Nadelöhr führen.** Den Nähfuß absenken und einen Einfädler benutzen. Den Faden nach links hinten ziehen. Er sollte 6–8 cm lang sein.

EINSTELLUNGEN AN COVERLOCKS

Coverlockmaschinen haben zahlreiche Einstellungsmöglichkeiten wie Spannung, Stichlänge, Nähfußdruck und Differentialtransport.

Wenn in Ihrer Bedienungsanleitung Einstellungen vorgegeben sind, nutzen Sie diese. Manchmal sind aber zur Sicherung der Qualität Anpassungen erforderlich, besonders beim Nähen über dicke Stofflagen oder bei Problemen mit Wülsten, dem Stofftransport oder Fehlstichen.

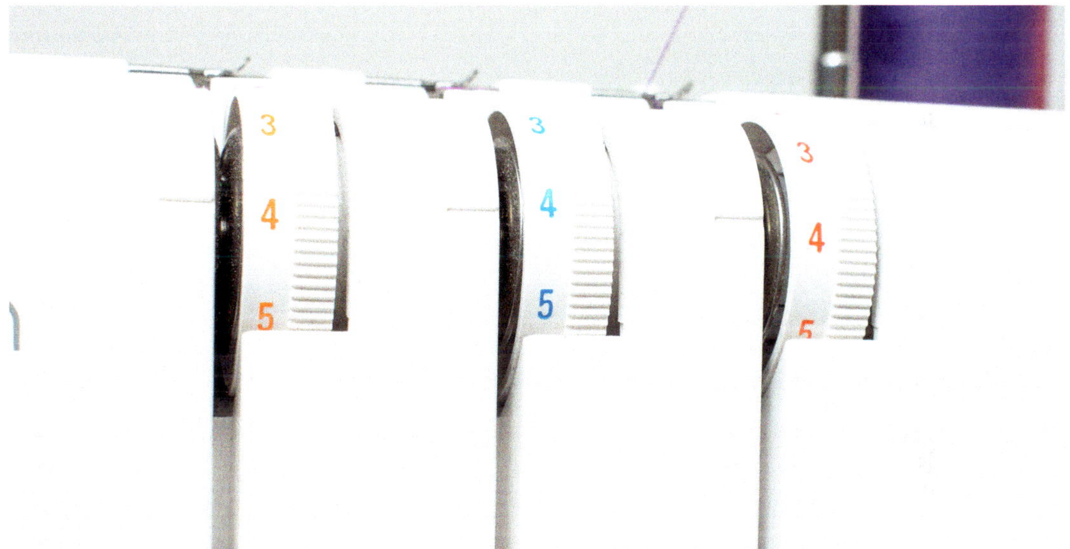

FADENSPANNUNG

Die richtige Spannung ist entscheidend für gleichmäßig schöne Coverstiche. Eingestellt wird sie über die Fadenspannungswähler. Aber auch die Fadenführung, der Garntyp und der Stoff haben Einfluss darauf.

Wer die Spannung richtig einstellen kann, hat auch überzeugende Endergebnisse. Eine zu starke Spannung kann verhindern, dass der Faden gleichmäßig läuft. Sie kann auch zu Problemen wie Kräuselungen und Wülsten führen.

Fadenspannungswähler

Damit regulieren Sie den Druck der Spannungsscheiben auf den Faden. Bei Geräten für den Haushalt gibt es meist empfohlene Spannungswerte für Nadel- und Greiferfaden, aber manchmal ist es sinnvoll, davon abzuweichen.

Die Fadenspannung ist zu ändern:

- bei anderem Garn als Overlockgarn. Bei einem stärkeren Garn setzen Sie die Spannung herab. Wenn bei dicken Stofflagen ungleichmäßige Nähte oder Kräuselungen auftreten, reduzieren Sie die Spannung.
- bei dünnen Stoffen. Hier kann eine stärkere Spannung das Ergebnis verbessern.
- bei ungleichmäßigen Lagen. Wenn eine Nadel über eine Lage und die andere über zwei Lagen näht, müssen Sie eventuell bei der Nadel mit der einen Stofflage die Spannung erhöhen oder umgekehrt.

Tipp

Immer nur einen Spannungswähler auf einmal verstellen. Denken sie daran, dass ein Zusammenhang zwischen Nadel- und Greiferspannung besteht. So erzielen Sie oft dasselbe Ergebnis, wenn Sie die Nadelspannung erhöhen oder die Greiferspannung reduzieren.

Anmerkung

Beim Einfädeln in die Spannungsscheiben den Nähfuß anheben. So lässt sich der Faden besser einfädeln.

DIFFERENTIALTRANSPORT

Hier wird eingestellt, wie schnell sich die vorderen Transporteure im Verhältnis zu den hinteren bewegen. Ein höherer Wert macht sie schneller, ein niedrigerer langsamer. Damit vermeidet man Kräuselungen oder überdehnte Stoffe beim Säumen von Jersey.

Oft gibt es eine Position „N“, bei der sich beide Transporteure gleich schnell bewegen. Fangen Sie damit an und ändern Sie die Einstellung nur, wenn Probleme auftreten.

Der Differentialtransport ist zu ändern:

- bei Kräuselungen im Stoff. Den Transport zu reduzieren, verhindert Kräuselungen.
- bei gedehntem, welligem Stoff. Hier hilft ein schnellerer Transport.
- beim Nähen über dicke Einfassungen. Ein reduzierter Transport verhindert, dass die Einfassung sich unter dem Nähfuß zusammenknüllt.

NÄHFUSSDRUCK

Coverlockmaschinen haben oft oben ein Wählrad für den Nähfußdruck. Gegen den Uhrzeigersinn wird der Druck reduziert, im Uhrzeigersinn erhöht. In der Regel können Sie den voreingestellten Druck belassen, aber manchmal ist eine Anpassung erforderlich.

Der Nähfußdruck ist zu ändern:

- beim Nähen über voluminöse Stofflagen. Ein höherer Druck beugt Fehlstichen vor und sorgt für besseren Stofftransport.
- beim Säumen leichter Jerseystoffe. Ein niedrigerer Druck verhindert das Überdehnen des Stoffes.

WEITERE EINSTELLUNGEN

Manche Maschinen haben weitere Wählräder zur Beeinflussung des Nähergebnisses. Näheres finden Sie in der Bedienungsanleitung.

STICHLÄNGE

Bei Coverlockmaschinen wird meist eine Stichlänge von 3 oder 4 empfohlen.

Tipps zur Stichlänge

- Bei Coverstichen ist in der Regel eine längere Stichlänge vorteilhafter als eine kürzere.
- Damit vermeiden Sie Fehlstiche und die Bildung von Wülsten zwischen den Nahtreihen. Besonders der Stofftransport bei dicken Stofflagen ist so einfacher.
- Beim Vernähen von Gummiband und Einfassungen ist eine längere Stichlänge ebenfalls nützlich, denn die Stiche ziehen sich anschließend noch etwas zusammen.
- Nähte mit längeren Stichen sind weniger elastisch. Testen Sie, ob Ihre Naht damit noch genügend dehnfähig ist.

KAPITEL 4

NÄHTE

COVERNÄHTE

Covernähte werden in der Hauptsache für Säume, Absteppungen und als Verzierung benutzt. Ihr Vorteil liegt darin, dass sie sehr elastische, haltbare und schöne Saumstiche bilden. Aber Cover- und Kettnähte sind auch für viele andere Zwecke geeignet.

Was ist eine Covernaht?

Eine Covernaht ist eine elastische Naht, gebildet von zwei oder mehr Nadeln und einem Greifer. Vorn sieht man eine gerade Naht und auf der Rückseite ein Rastermuster, erzeugt vom Greiferfaden, der zwischen den Nadelfäden hin und her wechselt.

Diese elastische, haltbare Naht eignet sich für Säume und Absteppungen, besonders bei Jerseystoffen. Sie kann aber auch bei Webstoffen benutzt werden, etwa für Gürtelschlaufen. Der Name Covernaht (Decknaht) besagt, dass die Rückseite eine ausgezeichnete Abdeckung ergibt, die man vorn auch als Verzierung benutzen kann.

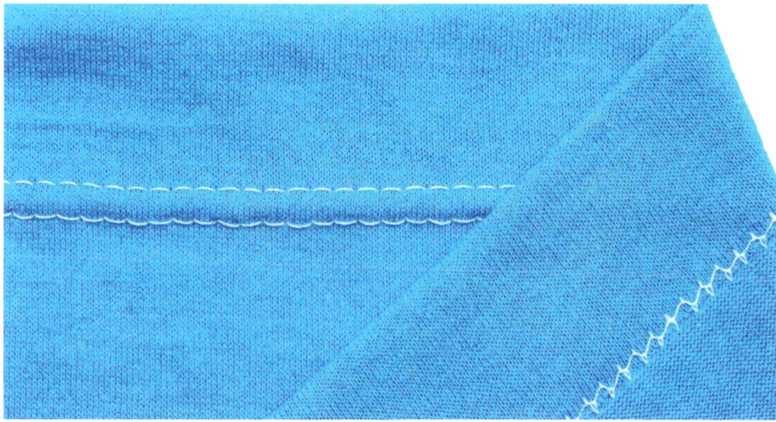

Der Unterschied zwischen Zwillingsnadelstich und Coverstich

Mit einer Zwillingsnadel können Sie mit einer gewöhnlichen Nähmaschine elastische, saubere Säume an Jerseystoffen nähen. Das sieht von rechts aus wie ein schmaler 2-Nadel-Coverstich, aber auf der Rückseite sehen Sie statt des Rasters einen Zickzackstich.

Dieser Stich ist etwas weniger elastisch als ein Coverstich und kann bei starker Beanspruchung reißen. Die Zwillingsnadel neigt auch eher zur Bildung von Wülsten zwischen den Nahtreihen.

Diese können aber auch bei Coverstichen auftreten, besonders beim Nähen von dünnen, sehr elastischen Stoffen.

Der Unterschied zwischen Overlockstich und Coverstich

Overlock- und Coverlockmaschinen nähen Stiche, die Schlingen bilden und sich technisch stark ähneln. Kombimaschinen beherrschen beide Varianten. Mit einer normalen Overlockmaschine können Sie aber keinen Geradstich oder eingeschlagenen Saum nähen.

COVERSTICHE

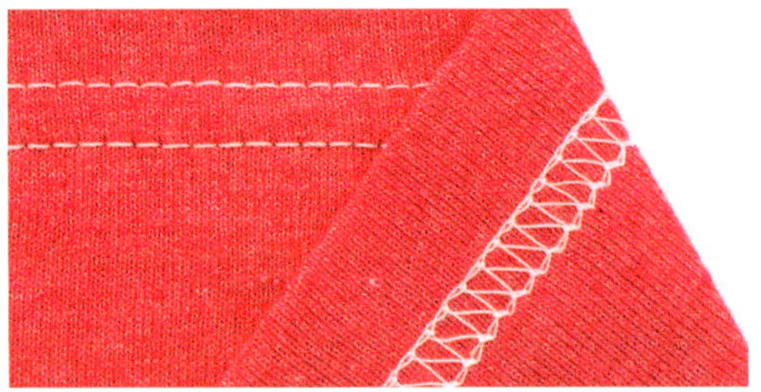

BREITER 2-NADEL-COVERSTICH

Das ist der Industriestich für das Versäumen von Jerseystoffen. Ein 2-Nadelstich mit drei Fäden ist sehr elastisch. Er eignet sich für Säume, Absteppungen, Halseinfassungen, Gürtelschlaufen und Ziernähte. Dieser Coverstich von links wird durch zwei Nadelfäden gebildet, die durch den Stoff gehen und mit dem Greiferfaden verflochten werden.

DREIFACHER 3-NADEL-COVERSTICH

Ein dekorativer, belastbarer Coverstich mit drei parallelen Nahtreihen. Dieser haltbare vierfädige Coverstich bietet sich an für Säume, Ziernähte, Gummiband und für falsche Flatlocknähte. Da der Greiferfaden mit allen drei Nadelfaden verknüpft wird, bietet die Unterseite eine ausgezeichnete Abdeckung. Sie gibt auch eine schöne Ziernaht ab.

SCHMALER 2-NADEL-COVERSTICH

Die schmale Version der normalen Covernaht. Dieser 2-Nadel-Coverstich mit drei Fäden eignet sich für Säume, Einfassungen, und Absteppungen. Beliebt ist er für Kinderkleidung und Unterwäsche. 3-Nadel-Coverstichmaschinen bieten ihn.

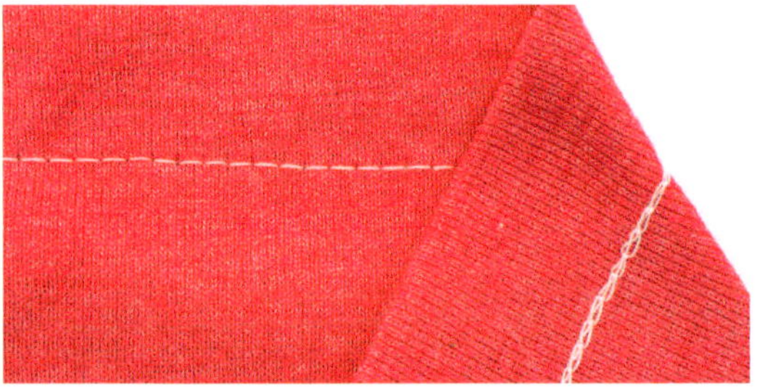

1-NADEL-KETTSTICH

Eine gerade Kettnaht aus einem Nadel- und einem Greiferfaden. Ideal für Einfassungen, Säume und Absteppungen (perfekt bei Jeans). Die Kettnaht ist elastischer als der normale Geradstich. Gebildet wird sie durch einen Nadelfaden, der mit dem Greiferfaden auf der Unterseite der Naht verknüpft wird.

SPEZIALSTICHE

Diese Stiche stehen nur auf speziellen Maschinen wie Kombi- und Top-Coverstichmaschinen zur Verfügung. Diese Maschinen haben meist Plätze für fünf Garnrollen oder mehr. Oft sind für die Spezialstiche auch besondere Einstellungen erforderlich.

2-NADEL-TOPCOVERSTICH

Doppelseitige Covernaht aus 2-Nadel-, einem Topcover- und einem Greiferfaden. Dieser dekorative vierfädige Stich eignet sich für Säume, Absteppungen, flache Verbindungsnähte sowie zum Vernähen von Gummibändern und Einfassungen. Ideal für Kinderkleidung und Unterwäsche. Nur auf Top-Coverstichmaschinen.

3-NADEL-TOPCOVERSTICH

Doppelseitige Covernaht aus 3-Nadel-, einem Topcover- und einem Greiferfaden. Dieser dekorative, elastische fünffädige Stich zeigt sich auf der rechten und auf der linken Stoffseite. Für Säume, Absteppungen, flache Verbindungsnähte sowie zum Vernähen von Gummibändern und Einfassungen. Nur auf Top-Coverstichmaschinen.

SICHERHEITSSTICH

Diese robuste Naht ist eine Kombination aus geradem Kettstich und Überwendlingsstich. Er ist beliebt in der Textilindustrie, weil er gleichzeitig eine gerade Naht näht und den Stoff versäubert. Das spart viel Zeit. Dieser Stich ist ideal für Jeans und andere Projekte, bei denen es auf Haltbarkeit ankommt. Nur auf Coverlockmaschinen.

FADENSPANNUNG

Bei der Spannung hilft oft nur Ausprobieren. Einfacher ist es, wenn Sie verschiedenfarbige Fäden und ein Vergrößerungsglas benutzen und dazu methodisch vorgehen, das heißt nur eine Einstellung auf einmal ändern.

2-NADEL-COVERSTICH

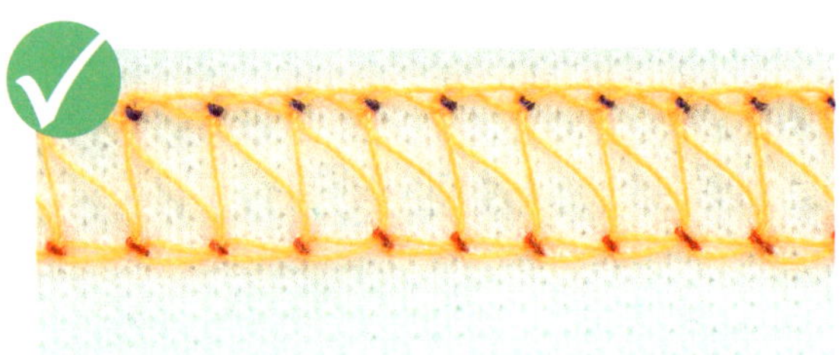

Gleichmäßige Spannung

- Der Greiferfaden (gelb) bildet gleichförmige Schlingen auf der Rückseite und die Nadelfäden sind kleine, feste Schlingen.
- Die beiden Nahtreihen auf der Vorderseite sind gerade und frei von Wülsten.

Nadelspannung zu locker (roter Faden)/ Greifer zu fest

- Die Nadelfäden bilden auf der Rückseite größere Schlingen (Bild).
- Eine oder beide Nahtreihen auf der Oberseite sind ungleichmäßig und locker.
- In den Schlingen sind sichtbare Lücken.

Lösung:

- Die Fadenspannung an einer oder beiden Nadeln erhöhen.
- Eventuell die Greiferspannung lockern.

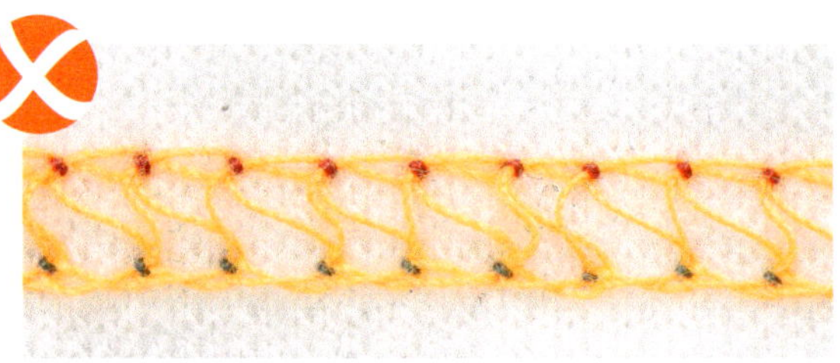

Nadelspannung zu stark (grüner Faden)/ Greifer zu locker

- Der Nadelfaden zieht zu stark am Greiferfaden, die Schlingen sind ungleichmäßig.
- Kräuselungen im Stoff.
- Der Nadelfaden bildet winzige Knoten.

Lösung:

- Spannung des Nadelfadens lockern.
- Spannung des Greiferfadens erhöhen (manchmal ist eine Kombination aus beiden optimal).

3-NADEL-COVERSTICH

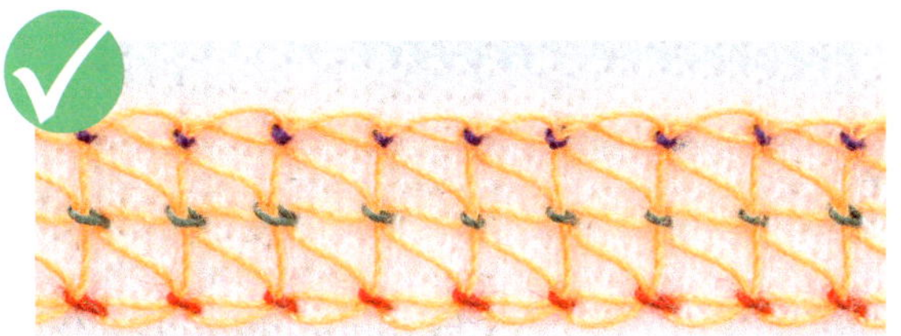

Gleichmäßige Spannung

- Der Nadelfaden sollte auf der Rückseite nur in Form kleiner Knoten, nicht als große Schlingen zu sehen sein (Bild).
- Alle drei Nahtreihen sind gleichmäßig.
- Der Greiferfaden bildet zwei Reihen Rechtecke mit Diagonalen darin.

Nadelspannung zu locker (roter und grüner Faden)/Greifer zu fest

- Die Nadelfäden bilden auf der Rückseite größere, ungleichmäßige Schlingen (Bild).
- Eine oder mehrere Nahtreihen vorn sind ungleichmäßig.
- Der Greiferfaden verläuft unregelmäßig.

Lösung:

- Die Fadenspannung an einer oder beiden Nadeln erhöhen (nur bei den ungleichmäßigen Reihen).
- Eventuell die Greiferspannung lockern.
- Eine Kombination beider Einstellungen probieren.

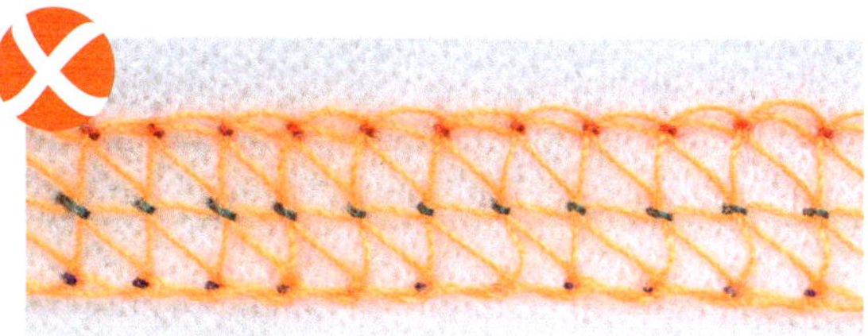

Nadelspannung zu stark/Greifer zu locker

- Der Nadelfaden zieht zu stark am Greiferfaden, die Schlingen sind ungleichmäßig.
- Der Nadelfaden bildet winzige Knoten.

Lösung:

- Spannung des Nadelfadens lockern.
- Spannung des Greiferfadens erhöhen.
- Eine Kombination beider Einstellungen probieren.

KETTSTICH

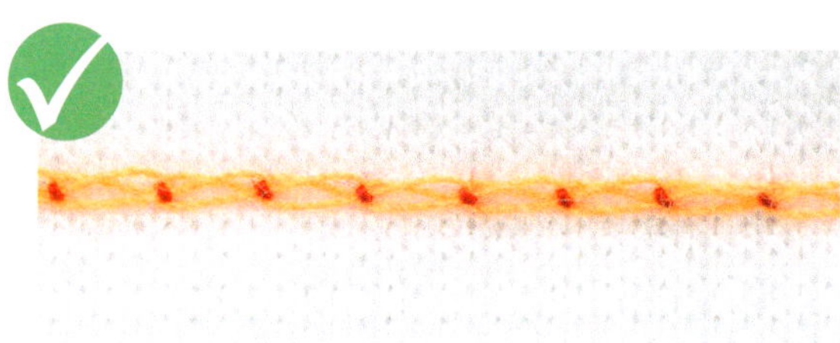

Gleichmäßige Spannung

- Der Greiferfaden sollte Schlingen bilden, der Nadelfaden sollte auf der Rückseite nur in Form kleiner Knoten sichtbar sein, nicht als große Schlingen.
- Oben eine gerade, gleichmäßige Naht ohne Kräuselungen.

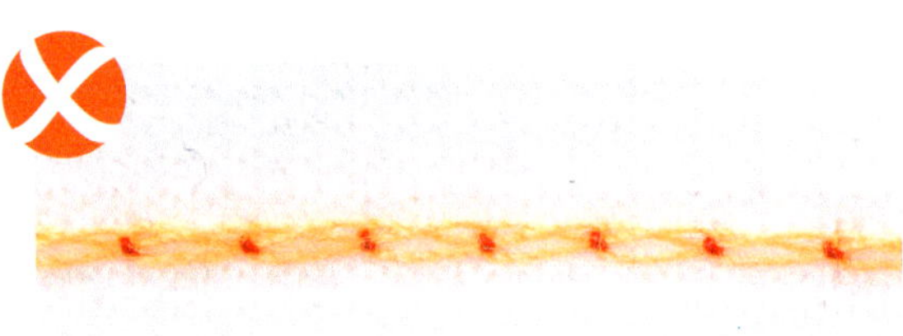

Nadelspannung zu locker/ Greiferspannung zu stark

- Der Geradstich oben ist ungleichmäßig und lose.
- Der Nadelfaden bildet auf der linken Seite größere Schlingen.

Lösung:

- Spannung des Nadelfadens erhöhen oder Spannung des Greiferfadens reduzieren.

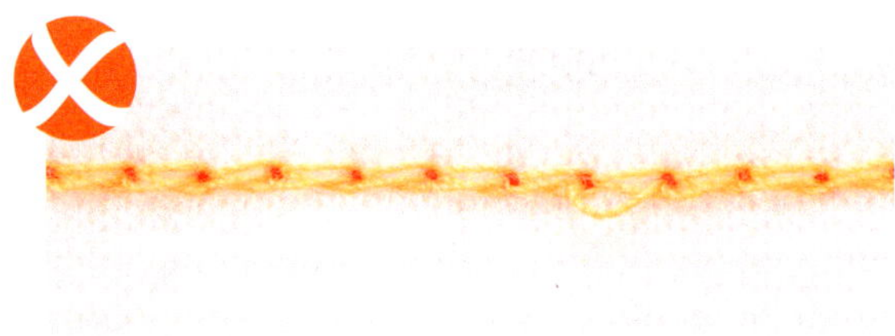

Nadelspannung zu stark/Greifer zu locker

- Kräuselungen im Stoff.
- Der Nadelfaden bildet winzige Knoten.

Lösung:

- Spannung des Nadelfadens lockern oder Spannung des Greiferfadens erhöhen.

PROBLEMBEHANDLUNG

Beim Nähen mit Coverlockmaschinen kann einiges schiefgehen, wenn die Einstellung nicht stimmt. Auch bestimmte Stoffe bereiten Probleme, es kann zu schiefen Nähten und anderen Fehlern kommen. Hier finden Sie Lösungen für einige der häufigsten Probleme.

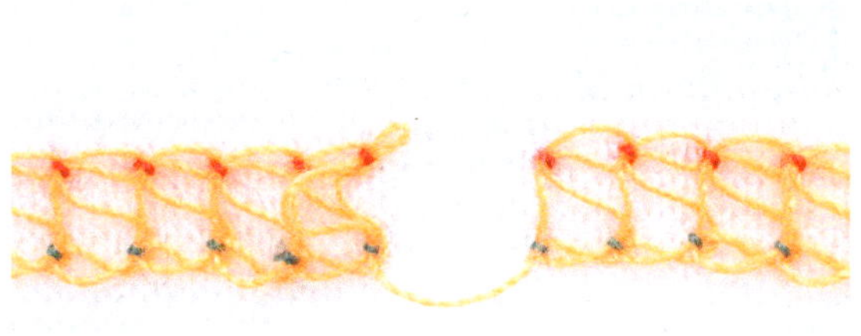

FEHLSTICHE

Dabei wird keine Schlinge gebildet oder diese nicht aufgenommen. Bei Coverlockmaschinen kommt dies gerade mit Jerseystoffen häufig vor.

- Prüfen Sie, ob das Garn richtig eingefädelt ist.
- Verwenden Sie die richtigen Nadeln.
- Probieren Sie es mit einer neuen Nadel.
- Nehmen Sie eine Jerseynadel für Jerseystoffe.
- Führen Sie die Nadel komplett ein.
- Erhöhen Sie die Stichlänge.
- Erhöhen Sie den Nähfußdruck.
- Probieren Sie eine andere Nadelstärke.
- Passen Sie die Spannung an.
- Zerren Sie bei Coverstichen nicht am Stoff, lassen Sie ihn sanft durch die Hände gleiten.

WULSTBILDUNG

Ein Wulst zwischen zwei geraden Nahtreihen. Häufig bei leichten Stoffen, besonders wenn die linke Nadel beim Versäumen nur auf einer Stofflage näht.

- Erhöhen Sie die Stichlänge.
- Reduzieren Sie den Nähfußdruck.
- Reduzieren Sie die Spannung des Greiferfadens.
- Reduzieren Sie den Differentialtransport.
- Nähen Sie über einer stabilisierenden Lage wie doppelseitiges Wonder Tape oder wasserlösliches Vlies.
- Führen Sie alle Nadeln über beide Stofflagen.

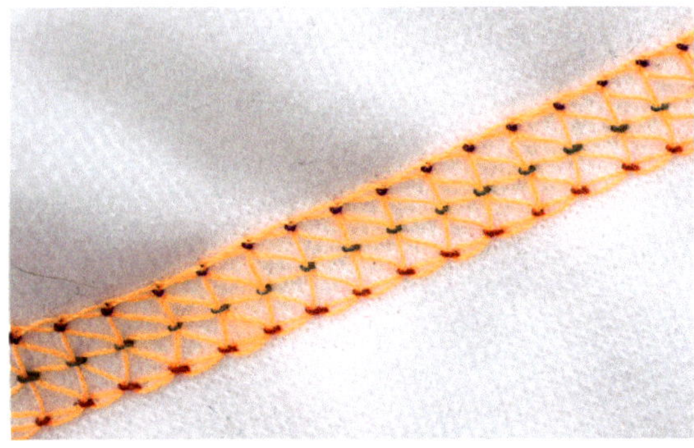

KRÄUSELUNGEN

Die Naht zieht sich zusammen und bildet Falten. Das passiert häufig bei leichten Stoffen, bei Jersey- und Webstoffen gleichermaßen.

- Reduzieren Sie den Differentialtransport (niedrigere Zahl).
- Lockern Sie die Spannung des Nadelfadens bzw. erhöhen die Spannung des Greiferfadens.
- Reduzieren Sie den Nähfußdruck.

WELLIGER STOFF

Schräg geschnittene Jersey- und Webstoffe können beim Coverstich überdehnt werden. Das lässt sich bei einer Coverlockmaschine leicht beheben.

- Zerren Sie nicht am Stoff, lassen Sie ihn sanft durch die Hände gleiten.
- Erhöhen Sie den Differentialtransport.
- Erhöhen Sie die Stichlänge.
- Reduzieren Sie den Nähfußdruck.
- Wenn das nicht hilft, stabilisieren Sie den Saum mit einer Bügeleinlage oder doppelseitigem wasserlöslichem Klebeband.

VERZUG

Hier werden die obere und die untere Stofflage ungleichmäßig transportiert, was zu diagonalem Verzug führt. Besonders gebogene Nähte scheinen anfällig dafür zu sein.

- Reduzieren Sie den Nähfußdruck.
- Reduzieren Sie den Differentialtransport – eine niedrigere Einstellung hilft meist.
- Schieben Sie die obere Lage mit einer Ahle oder Ähnlichem sanft in Richtung Nähfuß.
- Heften Sie jeden Abschnitt oder stecken ihn mit Stecknadeln ab. Auch wasserlöslicher Textilkleber oder ein Klebestift kann die Lagen in Position halten.

KEIN STOFFTRANSPORT

Die Coverlock sollte den Stoff von allein gleichmäßig transportieren. Wenn der Stoff sich unter dem Nähfuß staut, läuft etwas falsch.

- Erhöhen Sie die Stichlänge.
- Passen Sie den Nähfußdruck an (meist hilft erhöhen).
- Bei dicken Stofflagen hilft oft ein schnellerer Transport.
- Lassen Sie die Transporteure von einem Mechaniker überprüfen.

DER FADEN REISST

Bei Maschinen für den Haushalt reißt der Faden relativ selten. Das kann aber passieren, wenn er irgendwo eingeklemmt ist und nicht richtig transportiert wird.

- Prüfen Sie, ob er in der Fadenführung verheddert ist.
- Überzeugen Sie sich, dass er leicht von der Rolle gleitet. Ist er verklemmt oder verknotet, benutzen Sie die auf Seite 40 beschriebenen Hilfsmittel.
- Reduzieren Sie die Spannung.
- Nehmen Sie hochwertiges Garn.
- Die Nadel sollte korrekt eingesetzt sein.
- Wechseln Sie die Nadel.

COVERNAHT LÖST SICH

Wenn die Covernaht am Ende nicht richtig gesichert ist oder sich keine richtigen Schlingen bilden, wird sie sich früher oder später lösen.

- Sichern Sie die Naht richtig (siehe *Coverstich sichern* auf S. 76–80).
- Die Schlingen müssen sich richtig bilden (siehe *Fehlstiche* auf S. 61).

„Coverstiche nähen ist nicht so schwer“

„Ich finde Coverstiche recht einfach.“ Nählehrerin Kicci Johansson ist überrascht, dass manche mit ihrer Coverlockmaschine kämpfen.

Sie meint, dass das Ergebnis in Ordnung sein sollte, wenn das Garn richtig eingefädelt ist und man die richtigen Nadeln benutzt.

Doch trotzdem kann es zu Problemen mit den Nähten kommen. Deshalb hat sie ein paar Tipps für uns.

Welches sind die häufigsten Gründe für Fehlstiche?

Da gibt es mehrere Gründe. In meinen Kursen sehe ich oft, dass die Teilnehmer beim Nähen mit der Coverlock am Stoff ziehen. Das liegt daran, dass sie es von der normalen Nähmaschine so kennen. Bei der Coverlock führt das aber dazu, dass der Stofftransport gestört wird und Fehlstiche auftreten.

Oder aber sie verwenden eine falsche Nadel. Deshalb empfehle ich als Erstes immer, eine andere Nadel zu probieren.

Der dritte Grund für Fehlstiche ist, dass der Faden nicht richtig in den Spannungsscheiben sitzt. Er muss richtig eingefädelt sein.

Es kann aber auch an der Maschine liegen? Welche Probleme kommen bei Coverlockmaschinen häufig vor?

Zunächst einmal haben wir kaum Reparaturaufträge für diese Maschinen. Sie sind meist sehr robust und versehen viele Jahre treu ihren Dienst.

Aber natürlich kommen auch Probleme mit der Coverlock vor. Meistens sind es die Transporteure, die den Stoff nicht richtig transportieren. Da ist dann ein Mechaniker gefragt.

Manchmal versagt auch die Mechanik für die Stichlänge. Sie drehen dann am Knopf, aber es passiert nichts.

Voluminöse Stofflagen bereiten Coverlockmaschinen auch Probleme. Was ist Ihr Tipp dafür?

Oft müssen Sie schneller nähen. Das meine ich ernst. Mir fällt auf, dass viele bei voluminösen Stofflagen langsamer nähen. Genau das Gegenteil ist richtig. Ein hohes Tempo macht es der Nähmaschine leichter, über dicke Nähte und Ähnliches zu nähen. Es hilft auch gegen Fehlstiche.

Der Nähfußdruck sollte auch angepasst werden. Bei dicken Stofflagen brauchen Sie in der Regel mehr Druck. Aber bedenken Sie stets, dass Sie keine Industriemaschine besitzen. Ihre Nähmaschine ist nicht wirklich für dicke Stofflagen gemacht.

Manchmal bildet sich beim 2-Nadel-Coverstich eine Wulst zwischen den Nahtreihen. Wie kommt das?

Meistens ist die Stichlänge zu kurz. Prüfen Sie, ob es mit der längsten Einstellung geht. Ein weiterer Grund ist eine zu hohe Greiferspannung. Reduzieren Sie sie etwas.

Manchmal wird auch der Stoff nicht richtig transportiert und staut sich unter dem Nähfuß. Was kann man dagegen tun?

In dem Fall befördern die Transporteure den Stoff nicht richtig. Am besten ist es hier, die Stichlänge zu erhöhen. Bei einer kurzen Stichlänge ist der Transport schwieriger. Die Transporteure fressen den Stoff sozusagen auf.

Wenn das nicht weiterhilft, sollten Sie Ihre Maschine durch einen Mechaniker prüfen lassen.

KURZANLEITUNG: STICHE MIT COVERLOCKMASCHINEN

STICH	AUSSEHEN	VERWENDUNG	EIGENSCHAFTEN
BREITER 2-NADEL-COVERSTICH		• Säume • Gürtelschlaufen • Steppnähte • Halsbündchen • Einfassungen • Gummiband	• Sehr elastisch • Haltbar • Professioneller Look • Jersey wird beim Nähen nicht gedehnt
SCHMALER 2-NADEL-COVERSTICH		• Säume • Steppnähte • Halsbündchen • Einfassungen • Biesen	• Sehr elastisch • Haltbar • Professioneller Look • Jersey wird beim Nähen nicht gedehnt
DREIFACHER 3-NADEL-COVERSTICH		• Säume • Ziersticche • Steppnähte • Falsche Flatlocknähte • Einfassungen	• Gute Abdeckung • Haltbar • Professioneller Look • Jersey wird beim Nähen nicht gedehnt
1-NADEL-KETTSTICH		• Steppnähte • Halsbündchen • Einfassungen • Säume an Jeans • Heftstich • Herstellung von Jeans	• Sehr elastisch • Löst sich ohne Sicherung auf • Professioneller Look
3-NADEL-TOP-COVERSTICH		• Säume • Zierstiche • Für den Look von Activewear • Falsche Flatlocknähte • Gummiband	• Gute Abdeckung • Sieht auf beiden Seiten gut aus • Professioneller Look • Jersey wird beim Nähen nicht gedehnt
2-NADEL-TOP-COVERSTICH		• Säume • Zierstiche • Für den Look von Activewear • Falsche Flatlocknähte • Gummiband	• Professioneller Look • Jersey wird beim Nähen nicht gedehnt • Gute Abdeckung • Trägt nicht auf

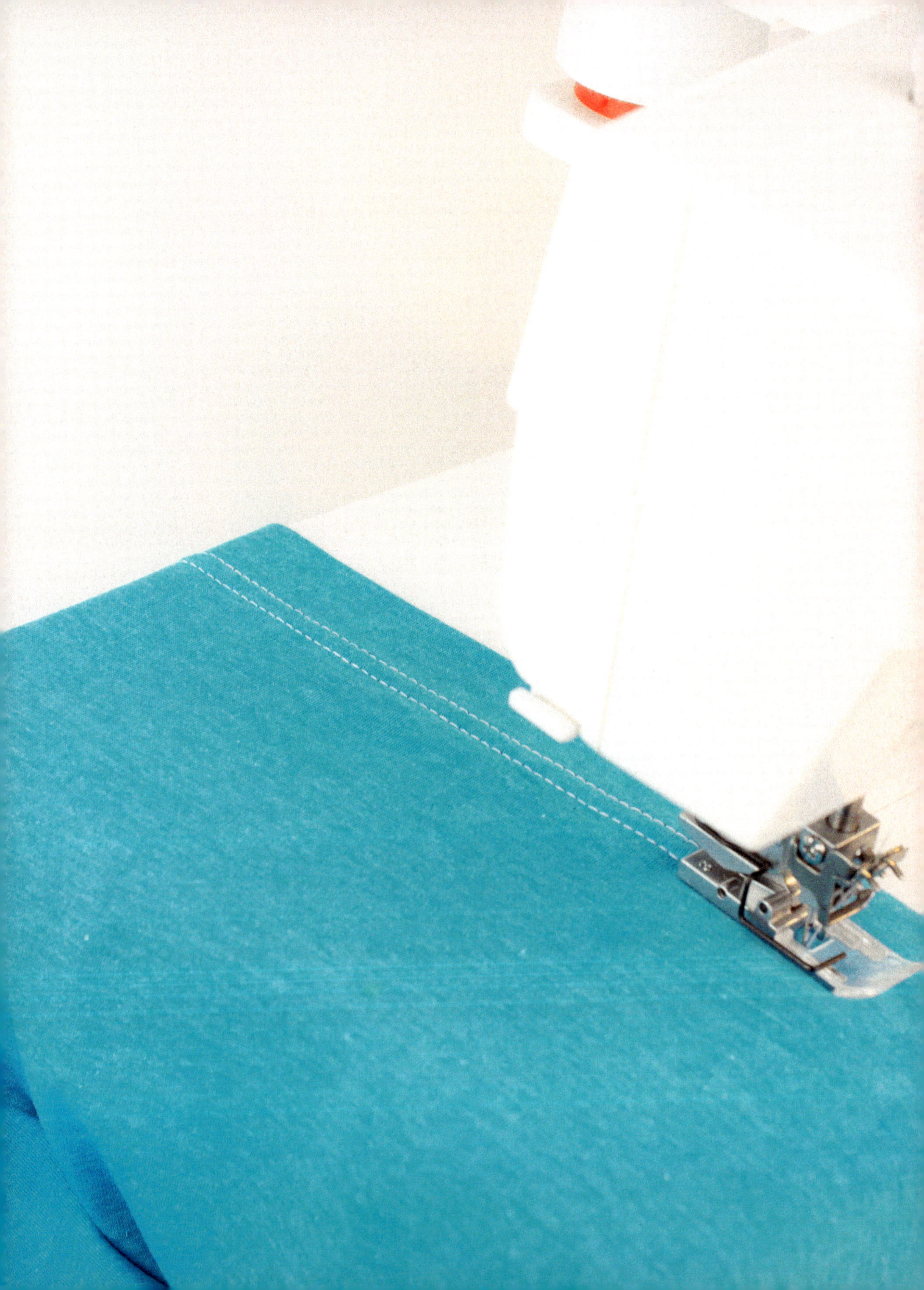

KAPITEL 5

NÄHEN

SÄUMEN: RUNDUM

Das Säumen nach dem Nähen der Seitennähte gibt einen sauberen Abschluss. Bei weiten Teilen ist das ganz einfach, aber schmalere Röhren wie Beinöffnungen und Ärmel können schwierig sein, da die meisten Coverlockmaschinen keinen Freiarm haben. Mit Übung gelingt es dennoch, sogar bei Kinderkleidung.

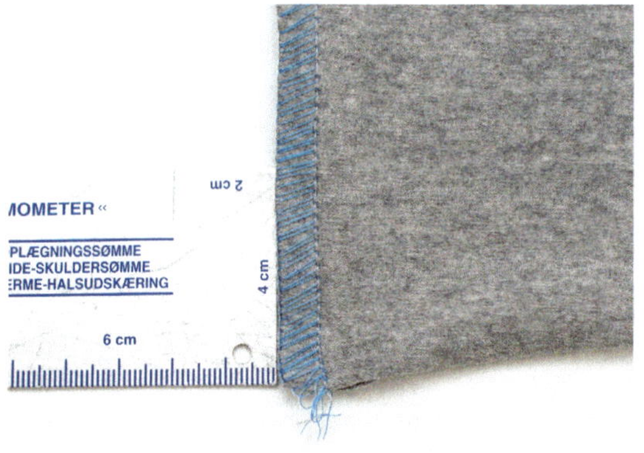

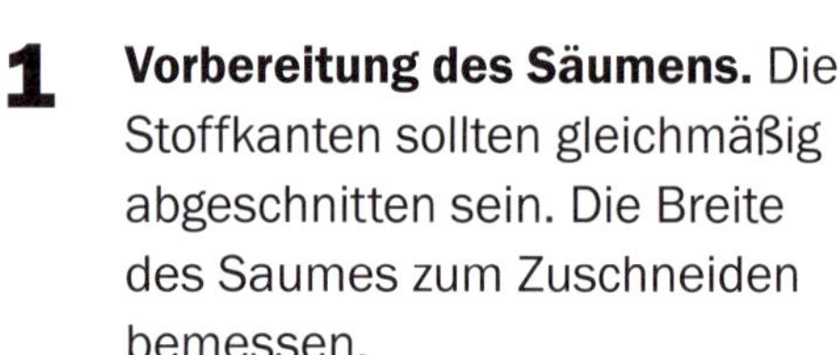

1 Vorbereitung des Säumens. Die Stoffkanten sollten gleichmäßig abgeschnitten sein. Die Breite des Saumes zum Zuschneiden bemessen.

2 Saumzugabe zuschneiden. Wenn die Naht gesichert ist, die Nahtzugabe an der Seite auf Saumhöhe einschneiden und die eingeschnittene Nahtzugabe in die Gegenrichtung legen, damit beim Versäumen keine dicken Stofflagen entstehen.

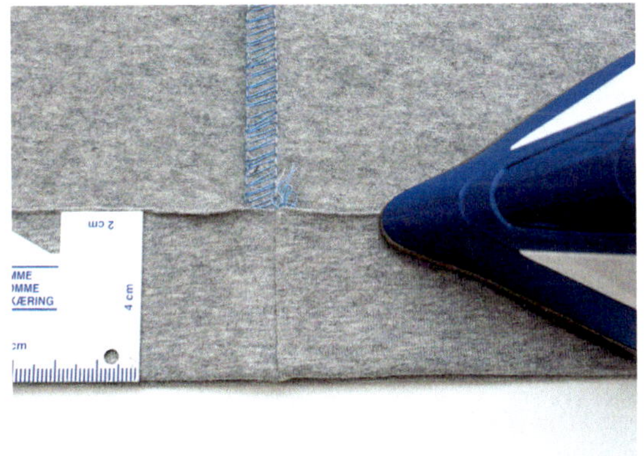

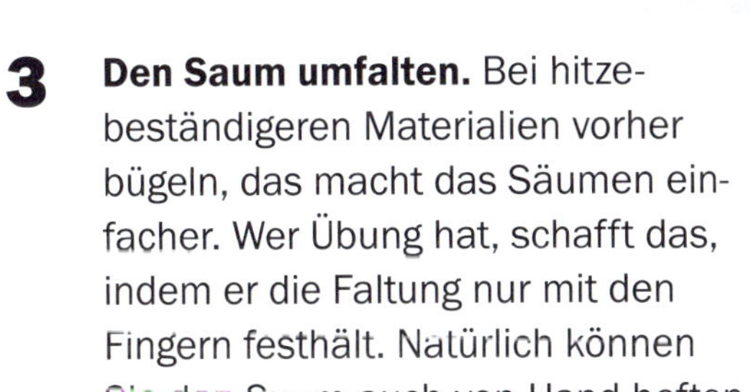

3 **Den Saum umfalten.** Bei hitzebeständigeren Materialien vorher bügeln, das macht das Säumen einfacher. Wer Übung hat, schafft das, indem er die Faltung nur mit den Fingern festhält. Natürlich können Sie den Saum auch von Hand heften.

4 **Stoff in die Maschine legen.** Den Nähfuß anheben und die Nadeln in die höchste Position bringen. Das Kleidungsstück unter den Nähfuß und die Nadeln schieben.

TIPP: Fangen Sie direkt hinter einer Naht an, möglichst an der Innen- oder Rückseite des Stoffes, da die Maschine Probleme mit dicken Stofflagen gleich zu Beginn hat.

5 **Nähen.** Führen Sie die Röhre gleichmäßig mit der Hand, ohne am Stoff zu ziehen.

6 **Naht fertigstellen.** Anfang und Ende überlappen lassen und über etwa 1,5 cm vernähen.

7 **Nähfuß anheben und Fäden lösen.** Mit der Coverlockmaschine können Sie nicht rückwärts nähen, also müssen Sie die Nähte sichern. Auf den Seiten 76–80 finden Sie die entsprechenden Verfahren.

8 **Stoff herausnehmen.** Drücken Sie dabei die Naht zusammen, damit sie sich nicht auflöst, falls sie noch nicht gesichert ist. Lassen Sie etwa 10 cm Faden überstehen.

9 **Der fertige Saum.** Säume mit der Coverlock wirken sehr professionell. Sie sind im Vergleich zu konventionellen Nähten auch sehr elastisch und formbeständig. Nähen Sie nahe an der Stoffkante, sodass die Naht die Kante abdeckt. Das wirkt besonders sauber.

SÄUMEN: FLACHE STÜCKE

Diese Methode eignet sich für flache Teile wie einen Ärmelsaum vor dem Nähen der Seitennaht. Das ist mit der Coverlock am einfachsten, besonders bei eng geschnittenen Teilen. Die Seitennaht nähen Sie dann nach dem Säumen.

Das wird in der Textilindustrie häufig gemacht. So kann man auch mehrere Teile in einem Zug säumen. Ist ein Teil fertig, schieben Sie das nächste Teil nach, bis alle flachen Teile gesäumt sind.

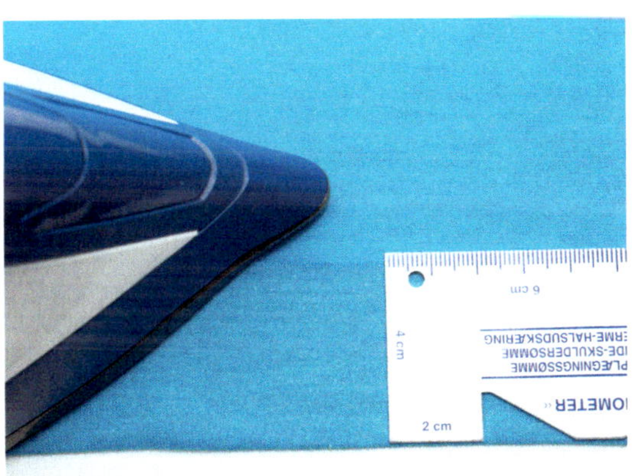

1 **Den Saum umfalten.** Bei hitzebeständigeren Materialien bügeln, das macht das Säumen einfacher.

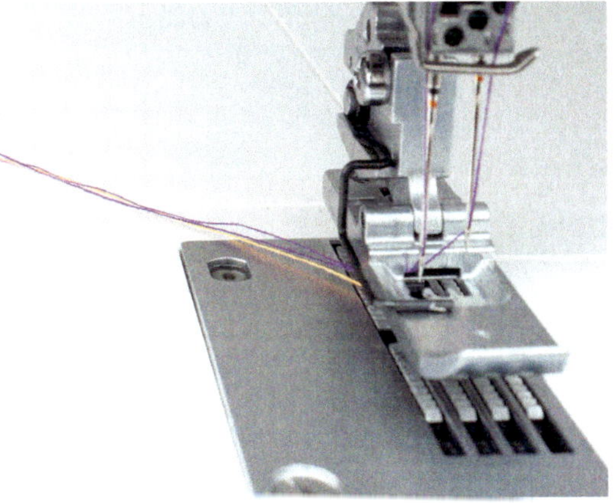

2 **Die Maschine vorbereiten.** Den Nähfuß anheben. Nadeln in die höchste Position bringen. Alle Fäden nach hinten links ziehen. Sie sollten etwa 10 cm lang sein.

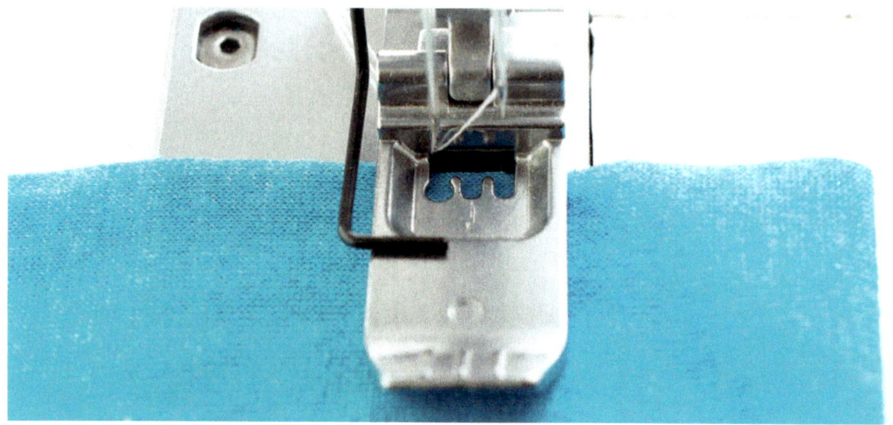

3 **Stoff in die Maschine legen.** Stoff unter den Nähfuß legen. Die Nadeln sollten den Stoff beim ersten Stich erwischen. Nähfuß absenken und nähen.

TIPP: Wenn es anfangs Probleme gibt, nähen Sie die ersten zwei oder drei Stiche mit dem Handrad und nicht mit dem Fußpedal.

4 **Langsam anfangen.** Nach den ersten Stichen dürfen Sie das Tempo erhöhen. Nie beim Nähen am Stoff ziehen. Lassen Sie ihn sanft durch die Hände gleiten, um eine gerade Naht sicherzustellen.

5 **Vor der Stoffkante anhalten.** Nähfuß und Nadeln anheben. Damit löst sich bei den meisten Nähmaschinen der Faden. Schauen Sie aber besser in die Bedienungsanleitung.

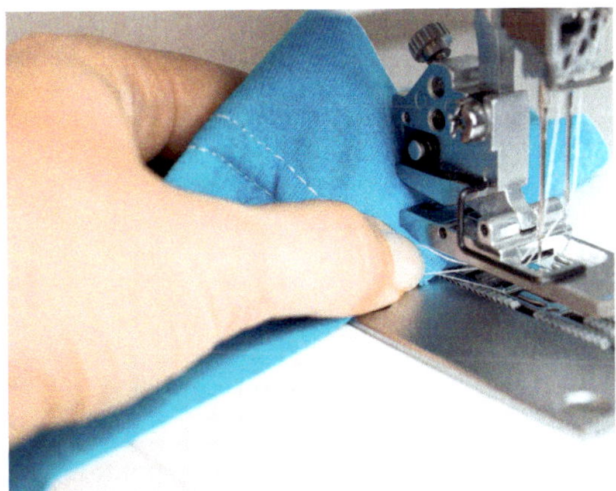

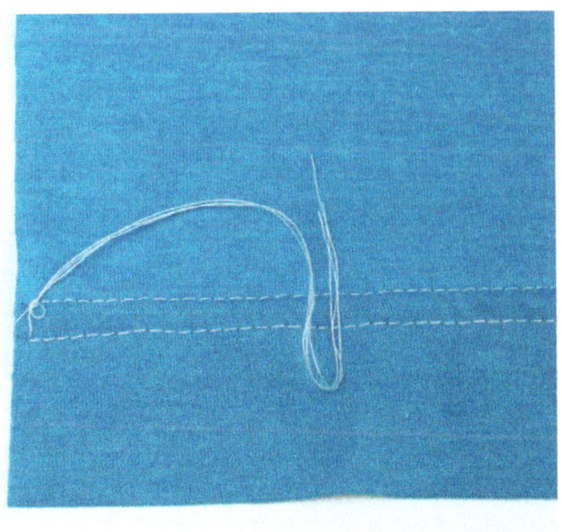

6 **Stoff herausnehmen.** Die Naht mit den Fingern greifen und Stoff unter dem Nähfuß herausziehen. Die Fäden sollten etwa 10 cm überstehen.

7 **Die Fäden sichern.** Alle drei Fäden verknoten oder nach anderer Methode sichern (siehe S. 76–80).

8 **Seitliche Naht nähen.** Die Naht sollte die Covernaht am Saum abdecken, damit sich diese nicht löst.

9 **Das fertige Stück.** Um die Nahtzugabe in Position zu halten, eine vertikale Reihe Heftstiche über die Nahtzugabe nähen. Tun Sie das von der rechten Seite.

NÄHTE SICHERN

Mit der Coverlockmaschine können Sie nicht rückwärts nähen, also lösen sich die Nähte ohne Sicherung schnell auf. Es gibt aber viele Möglichkeiten, eine Covernaht zu sichern. Das hängt auch von der jeweiligen Maschine ab.

Wir zeigen die häufigsten Methoden. Sie müssen dabei nur das Nahtende sichern.

Der Anfang ist von selbst gesichert, denn der erste Stich wird durch die folgenden Stiche gesichert. Einige Nähmaschinen haben auch eine eingebaute Funktion zur Nahtsicherung.

ZIEHEN

Damit sichern Sie die Naht und ziehen gleichzeitig die Nadelfäden auf die Rückseite. Einige Maschinen machen das automatisch, aber meistens müssen Sie Hand anlegen.

1 **Vorbereitung.** Die Naht durch Nähen über die Anfangsstiche sichern (ca. 2 cm). Ziehen Sie die Fäden vor dem Schließen der Naht nach oben, damit sie sich nicht in der Naht verfangen.

2 **Die Nadeln in die höchste Position bringen.** Das Handrad benutzen. Bei dieser Methode müssen die Nadeln ganz oben sein. Dann den Nähfuß anheben.

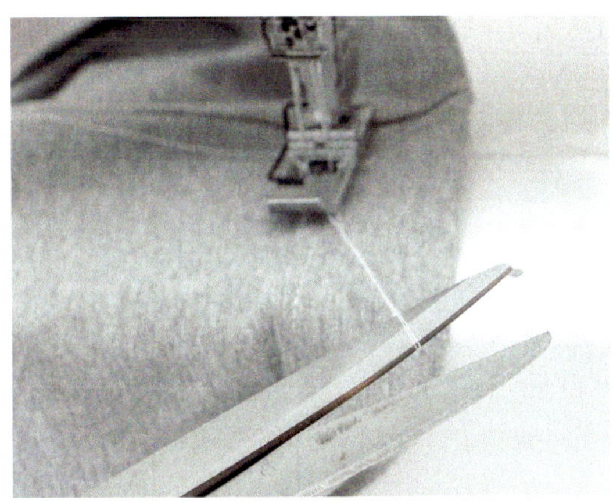

3 **Die Fäden ziehen.** Ziehen Sie die Nadelfäden mit einer Häkelnadel oder einem anderen Werkzeug zu sich hin. Machen Sie 4–5 cm lange Schlingen.

4 **Die Schlingen abschneiden.** Eine Schere in die Schlinge schieben und abschneiden.

5 **Stoff greifen und ziehen.** Greifen Sie den Stoff hinter dem Nähfuß an der Naht mit zwei Fingern. So kommt es beim Ziehen der Fäden zu keiner Wulstbildung. Dann ziehen Sie ihn kräftig schräg nach hinten. So kommen die Nadelfäden nach hinten und sichern die Naht.

6 **Die Nadelfäden vom Anfang abschneiden.** Nun ist der Saum gesichert. Diese Methode ist perfekt, wenn Sie rundum nähen, funktioniert aber auch bei flachen Teilen.

MIT EINEM STOFFREST SICHERN

So können Sie bei flachen Teilen die Naht schnell abschließen. Das ist aber nur zu empfehlen, wenn die Naht anschließend mit einer Sicherungsnaht wie einer Overlocknaht geschlossen wird.

1 **Stoffrest einschieben.** An der Kante Ihres Stoffes anhalten. Einen Stoffrest unter den Nähfuß schieben.

2 **Auf den Stoffrest nähen.** Etwa 5 cm nähen und dann die Fäden lösen.

3 **Den Stoffrest abschneiden.** Etwa 1,5–2,5 cm sollten an der Naht des Kleidungsstücks verbleiben. Beim Schließen der Naht den überstehenden Stoffrest entfernen. Bei der Overlockmaschine können Sie dafür das Messer nehmen.

DEN GREIFERFADEN ZIEHEN

Mit dieser cleveren Methode sichern Sie alle Fäden durch Ziehen des Greiferfadens. Das bringt die Nadelfäden auf die Rückseite und sichert sie mit einem Knoten.

1 **Die Nadel auf der Rückseite durch den Greiferfaden schieben.** Greiferfaden von der Naht wegziehen. Das zieht die Nadelfäden auf die Rückseite.

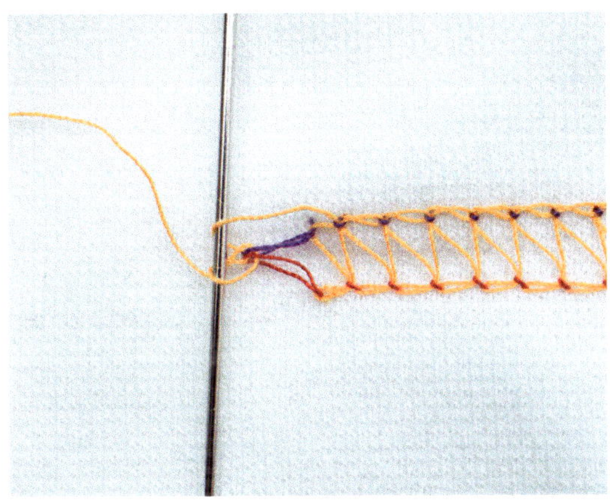

2 **Die Nadelfäden zur Rückseite ziehen.** Das Ziehen am Greiferfaden holt die Nadelfäden auf die Rückseite des Kleidungsstücks.

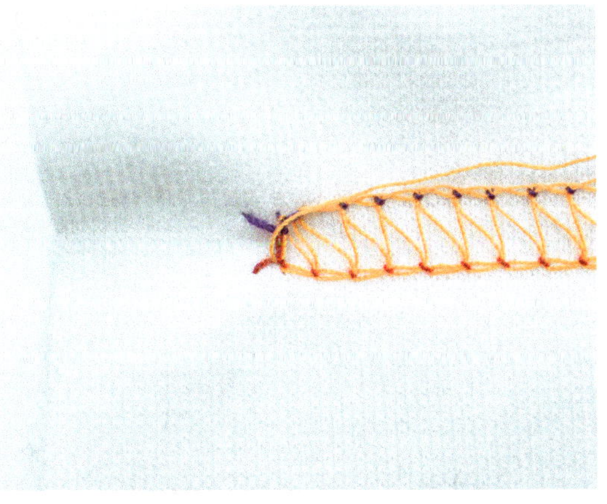

3 **Nadel und Greiferfaden ziehen, um einen Knoten zu bilden.** Die Fäden fest zusammen von der Naht wegziehen. So entsteht automatisch ein Knoten.

MIT DER HAND SICHERN

Mit dieser Methode sichern Sie Ziernähte wie umgekehrte Coverstiche. Sie ist auch ideal, wenn Sie das auf den Seiten 76/77 beschriebene Ziehen nicht mögen.

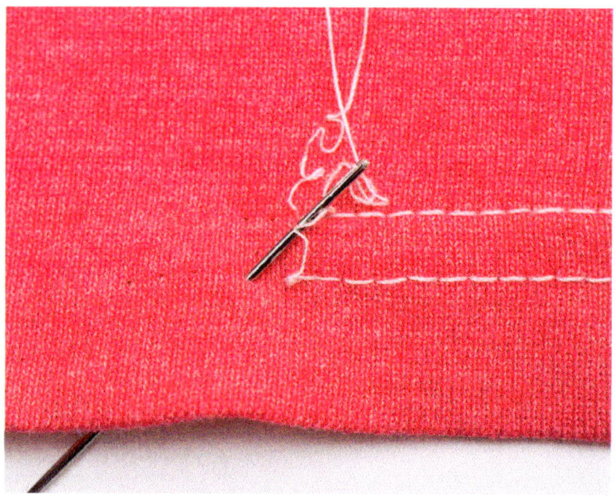

1 **Fädeln Sie die Nadelfäden in eine Nadel.** Fädeln Sie einen Faden nach dem anderen ein. Dann ziehen Sie die Fäden auf die Innenseite des Kleidungsstücks.

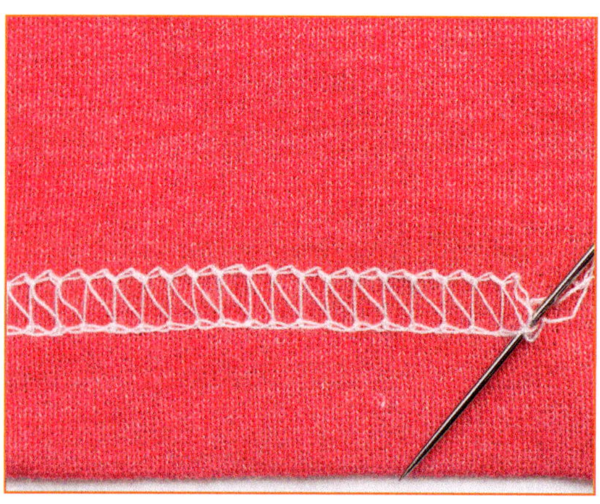

2 **Führen Sie alle Fäden in das Nadelöhr.** Befestigen Sie die Fäden mit ein paar Stichen an der Covernaht. Zur Sicherheit verknoten Sie abschließend alle Fäden.

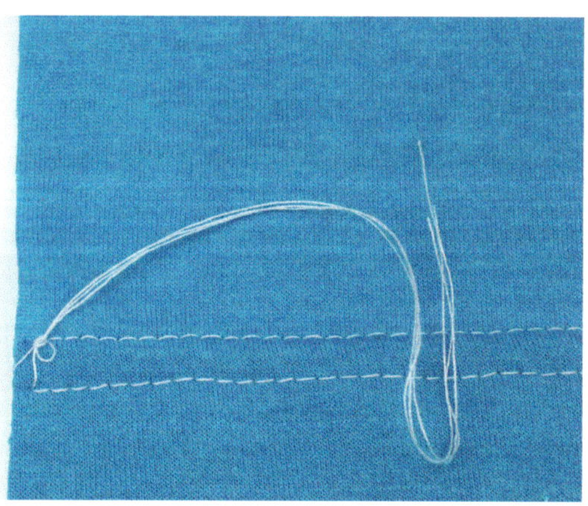

MIT EINEM KNOTEN SICHERN

Verknoten Sie Nadel- und Greiferfaden miteinander. Schneiden Sie die überstehenden Enden ab. Noch sicherer ist es, erst die Nadelfäden miteinander zu verknoten und sie dann zusammen mit dem Greiferfaden zu verknoten.

Tipps für erfolgreiches Nähen

- Nehmen Sie die passenden Nadeln und wechseln Sie sie, wenn Probleme auftreten.
- Fangen Sie mit einer sauberen Covermaschine an.
- Fädeln Sie das Garn richtig ein (nach Bedienungsanleitung).
- Niemals einfädeln, wenn der Nähfuß unten ist.
- Während des Nähens nicht am Stoff ziehen.
- Meiden Sie voluminöse Stofflagen.
- Experimentieren Sie mit dem Nähfußdruck, der Stichlänge und dem Differentialtransport.
- Nähen Sie Probestücke, um die Einstellungen zu prüfen.
- Notieren Sie die besten Einstellungen für jedes Projekt.
- Nehmen Sie hochwertiges Garn und stellen Sie beim Garnwechsel die Spannung ein.
- Nehmen Sie einen Nahtführer für eine gerade Naht.
- Nur Mut! Sie schaffen das.

NÄHTE AUFTRENNEN

1. UNGESICHERTE NAHT

Eine Covernaht lässt sich leicht entfernen. Öffnen Sie einfach den Greiferfaden und ziehen Sie ihn heraus. Das löst auch die Nadelfäden.

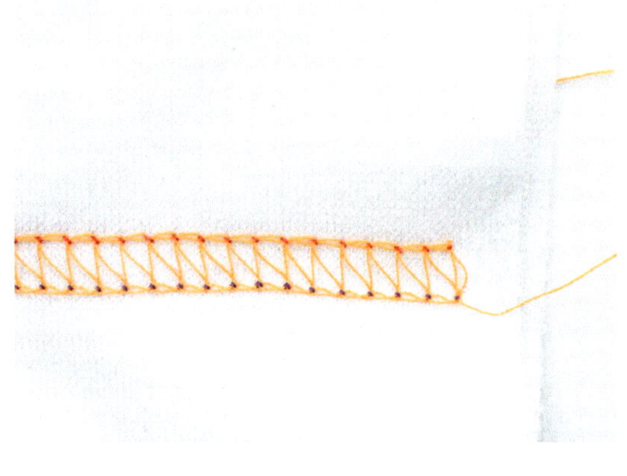

1 **Sichern Sie die Fäden nicht.** Lösen Sie die Fäden und schneiden Sie sie bei etwa 10 cm Länge ab.

2 **Nehmen Sie den Greiferfaden.** Ziehen Sie ihn zum Anfang der Naht.

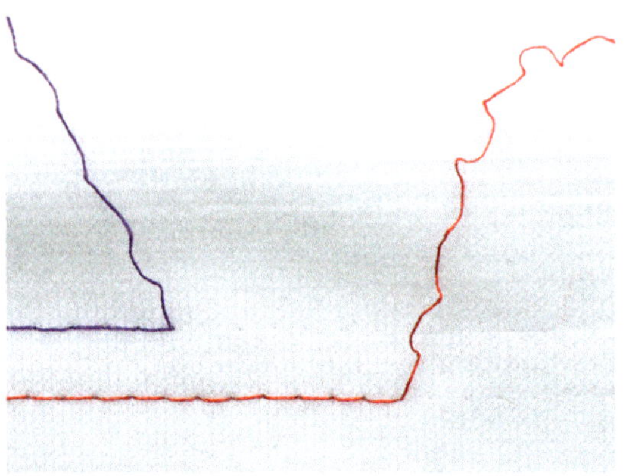

3 **Entfernen Sie die Nadelfäden.** Drehen Sie das Kleidungsstück um und entfernen Sie die Nadelfäden von Hand.

2. GESICHERTE NAHT

Sind der Greiferfaden und die Nadelfäden miteinander verknotet, ist die Naht etwas schwerer zu lösen. Aber es ist trotzdem gut machbar.

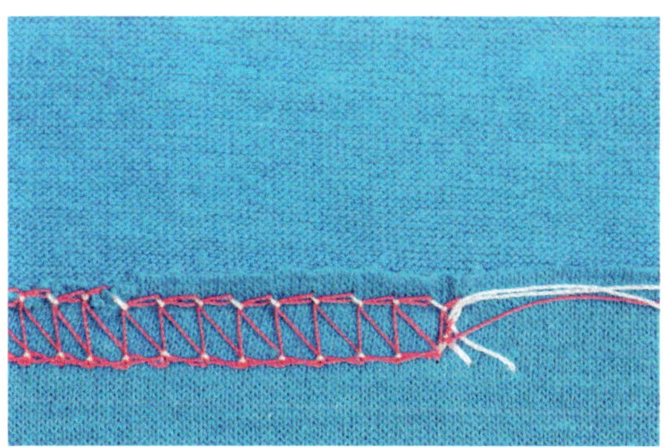

1 **Trennen Sie den Greiferfaden auf.** Schneiden Sie den Knoten mit einer kleinen Schere auf. Schieben Sie eine Nadel oder Ahle in den Greiferfaden. Ziehen Sie ihn hin und her, um die Fäden von den Nadelschlingen zu lösen. Eventuell müssen Sie das mehrfach tun.

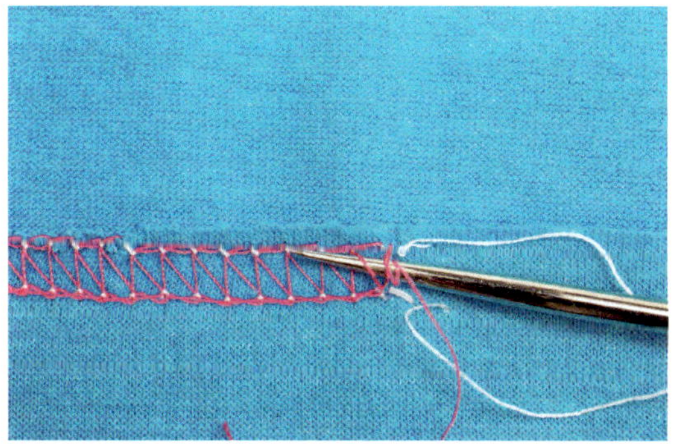

2 **Lösen Sie die Greiferfäden.** Wenn Nadel- und Greiferfäden getrennt sind, können Sie den Greiferfaden herausziehen.

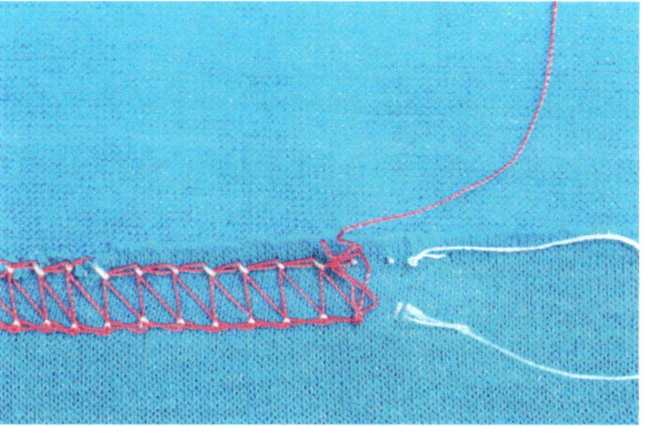

3 **Die Fäden entfernen.** Ziehen Sie den Greiferfaden zum Anfang der Naht. Drehen Sie das Kleidungsstück um und entfernen Sie die Nadelfäden.

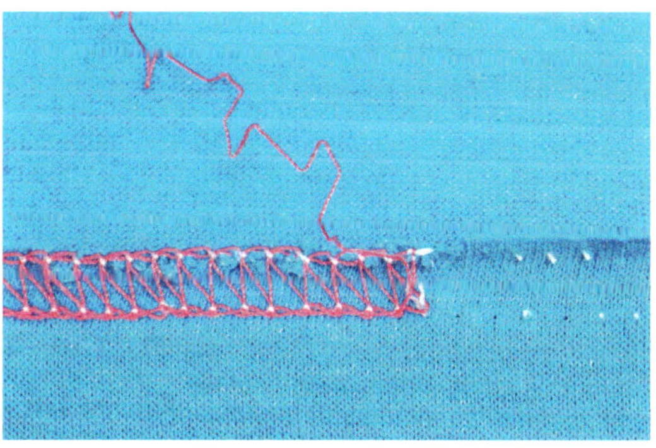

NÄHTE ABSTEPPEN: RECHTS UND LINKS DER NAHT

Bei Freizeitkleidung setzt man den Coverstich gern rechts und links der Nahtkante. Bei Rippeinsätzen am Hals und an den Ärmelbündchen wirkt das sehr professionell.

Da die Stofflagen verschieden dick sind (eine bzw. drei Schichten), muss eventuell die Spannung des Nadelfadens angepasst werden. Machen Sie erst eine Probe, um zu sehen, ob die Naht auf der Rückseite gleichmäßig herauskommt oder die Spannung geändert werden muss.

1 **Nähen Sie die Naht zusammen.** Ein breiter 3-Faden-Overlockstich ergibt eine nicht zu dicke Naht. Beim Vernähen von Rippeinsätzen an Hals und Ärmelbündchen bügeln Sie die Nahtzugabe zum Kleidungsstück hin.

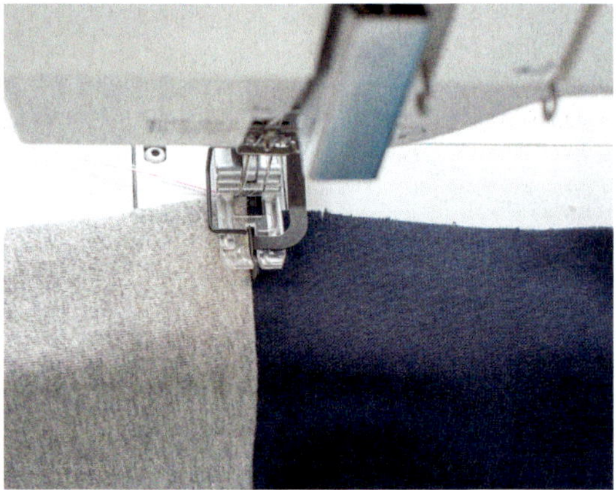

2 **Das Nähen vorbereiten.** Den Nähfuß anheben und den Stoff einlegen. Die Mitte des Nähfußes muss über der Nahtlinie liegen, wo die Stoffe aufeinandertreffen. Ein Nähfuß mit Kantenführung macht das einfacher, ist aber nicht unbedingt erforderlich.

3 **Nähen.** Wenn Ihr Nähfuß keine Kantenführung hat, so gibt es doch meist an der Sohle eine Markierung der Mitte, an der Sie sich orientieren können, um eine gerade Naht zu nähen.

4 **Rechte Seite.** Mit einer Coverlockmaschine erzielen Sie eine absolut parallele Naht, die auch die Nahtzugabe herunterdrückt.

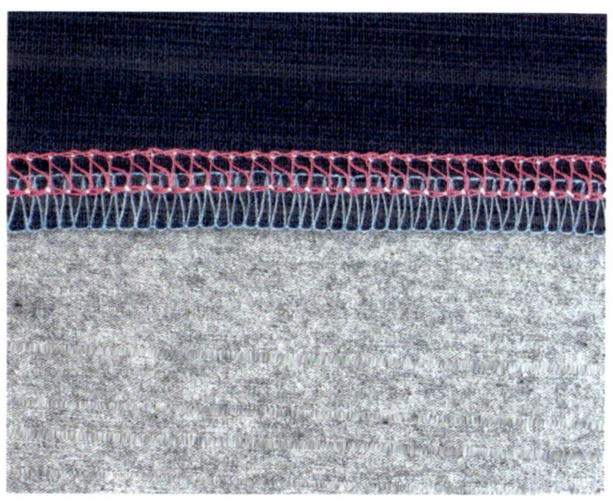

5 **Rückseite.** Da die Nahtzugabe in eine Richtung gedrückt wird, deckt der Greiferfaden sie nur zum Teil ab.

NÄHTE ABSTEPPEN: ÜBER DIE NAHTZUGABE

Dieses Verfahren zeigt ein schönes Ergebnis, das die Nahtzugabe in Position hält und die Haltbarkeit der Naht erhöht. Es wird meist an Halsausschnitten und bei Activewear benutzt. Es ist aber durchaus herausfordernd, denn Sie nähen über drei Stofflagen. Dabei kann es zu ungleichmäßigem Transport und Fehlstichen kommen.

Die Technik eignet sich für dünnere Stoffe. Nähen Sie stets eine Probe, um zu prüfen, ob die Spannung und der Nähfußdruck korrekt eingestellt sind.

1 **Nähen Sie die Naht zusammen.** Ein breiter 3-Faden-Overlockstich mit längerer Stichlänge ergibt eine nicht zu dicke Naht. Auch ein schmaler Zickzackstich funktioniert gut.

2 **Nähen Sie entlang der Naht.** Nähen Sie über die Nahtzugabe mit der Außenseite oder der inneren rechten Kante des Nähfußes als Anhaltspunkt.

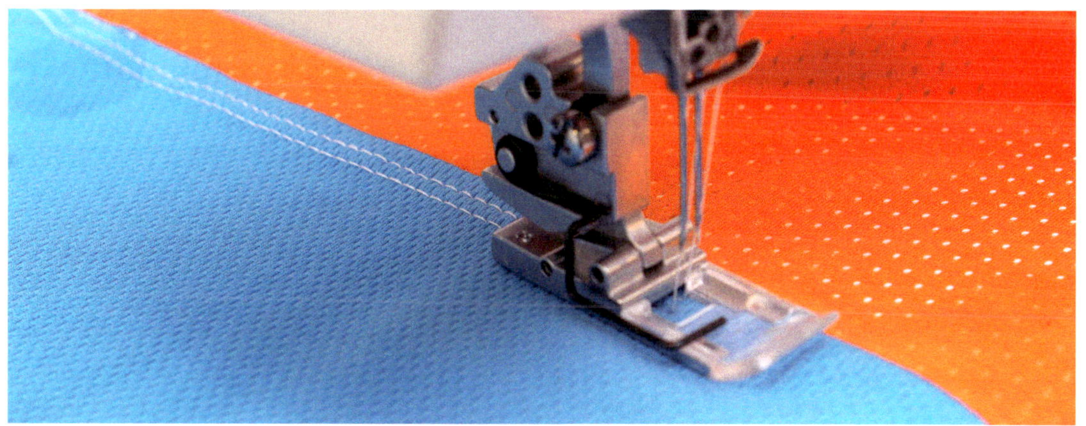

3 **Beide Reihen müssen die Nahtzugabe erfassen.** Wenn der Stoff nicht richtig transportiert wird, erhöhen Sie den Nähfußdruck oder die Stichlänge.

4 **Rechte Seite.** Die Nahtreihen halten die Nahtzugabe in Position.

TIPP: Für eine einzelne Nahtreihe genügt auch ein Kettstich.

5 **Rückseite.** Der Greiferfaden umschließt die Nahtzugabe.

UMGEKEHRTE COVERSTICHE

Die Rückseite des 3-Nadel-Coverstichs hat einen schönen Ziereffekt, den man auch als Vorderseite benutzen kann. Allerdings ist der Stich nicht immer leicht zu beherrschen, da die voluminöse Naht die Gefahr von Fehlstichen und Transportproblemen erhöht.

TIPPS FÜR UMGEKEHRTE COVERSTICHE

- Bauschgarn im unteren Greifer ergibt eine bessere Abdeckung.
- Umgekehrte Coverstiche funktionieren am besten bei dünnen, geschmeidigen Stoffen.
- Bei voluminösen Nähten den Nähfußdruck erhöhen.
- Für einen besseren Transport die Stichlänge erhöhen.
- Probieren Sie verschiedene Nadelspannungen, da nicht alle Nadeln über gleich viele Stofflagen nähen.
- Nähen Sie ein Probestück, um die Einstellungen zu prüfen.
- Nehmen Sie Nadeln der Stärke 90/14, um bei dickeren Lagen Fehlstichen vorzubeugen. Prüfen Sie aber vorher, ob der Stoff sich dafür eignet.

METHODE 1: NAHT AUSEINANDERBÜGELN

Dieses Verfahren trägt am wenigsten auf und gibt bei umgekehrten Coverstichen die besten Ergebnisse. Die Nahtzugabe auseinanderbügeln und dann mit einem 3-Nadel-Coverstich vernähen.

1 **Die Naht nähen.** Dafür eignet sich ein schmaler Zickzackstich, ein Geradstich oder ein Kettstich. Die Nahtzugabe sollte 0,6 cm oder etwas weniger betragen. Die Naht öffnen, damit sie flach liegt.

2 **Die Naht auseinanderbügeln.** Kann der Stoff gebügelt werden, die Nahtzugabe bei niedriger Temperatur auseinanderbügeln.

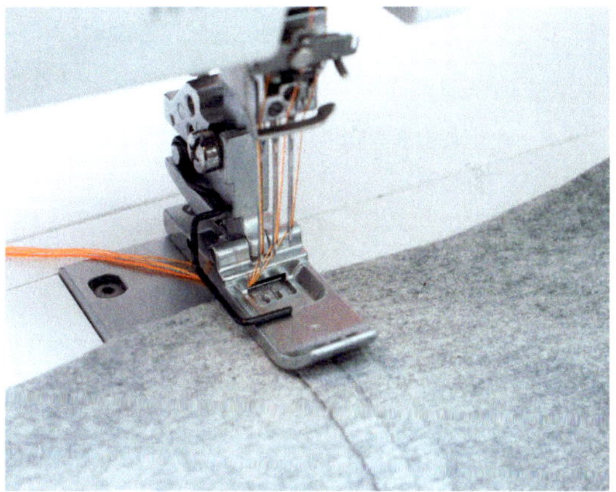

3 **Stoff in die Maschine legen.** Den Stoff mit der linken Seite nach unten unter den Nähfuß legen. Die Naht so ausrichten, dass die mittlere Nadel die Nahtrille trifft.

4 **Mit dem 3-Nadel-Coverstich über die Naht nähen.** Es entstehen drei Reihen gerader Stiche auf der Rückseite und der Greiferfaden erscheint auf der Vorderseite.

5 **Die fertige Naht von rechts.** Hier sorgt ein Bauschgarn im Greifer für eine dekorativere Abdeckung.

METHODE 2: ÜBER EINER OVERLOCKNAHT

Eine beliebte Methode für das Vernähen von Nähten. Die Naht wird etwas voluminöser und eignet sich deshalb weniger für dickere Stoffe.

1 **Naht nähen.** Wählen Sie einen breiten 3-Faden-Overlockstich mit normalem Garn oder einen elastischen Overlockstich auf der Nähmaschine. Die Naht sollte nicht auftragen, aber so breit sein, dass die Coverlockmaschine die Naht richtig mit den Transporteuren greifen kann.

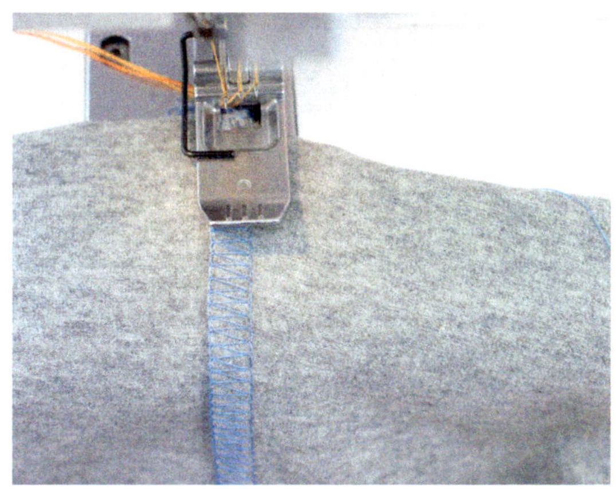

2 **Vorbereitung.** Probieren Sie, die Nahtzugabe nach rechts oder links zu falten, um zu sehen, wo die Transporteure den besseren Griff haben.

3 **Mit dem 3-Nadel-Coverstich über die Naht nähen.** Hier läuft die mittlere Nadel mit der Nahtlinie, aber Sie können probieren, welche Nadelposition am besten funktioniert. Den Stoff um die Naht sanft nach außen ziehen, damit die Naht beim Übernähen richtig flach liegt.

4 **Die fertige Naht.** Hier ist ein Bauschgarn im Greifer und normales Garn in den Nadeln verwendet worden.

„Bei Coverlock-maschinen gibt es keine einfachen Lösungen“

„Sie brauchen Geduld, um den Umgang mit der Coverlock zu lernen." Yvonne Karlsson, die Stoffe und Nähmaschinen verkauft, denkt, dass die Einstellung zum Nähen wichtig ist. Wer die Grundlagen überspringt, erzielt oft bescheidene Ergebnisse. Deshalb ist das Üben so wichtig.

Welche Probleme sehen Sie häufig bei Anfängern?

Sie nehmen sich nicht die Zeit, die Maschine richtig kennen zu lernen. Sie wissen nicht, was ein Greifer ist oder wie man das Garn richtig einfädelt. Bei einer Coverlockmaschine sind viele Dinge zu beachten. Deshalb muss man zu Beginn viel lernen und ausprobieren. Sonst sind Sie schnell enttäuscht von ihrer Maschine.

Bei Coverlockmaschinen gibt es keine einfachen Lösungen. Sie sollten sich zunächst mit der Funktion von Nähmaschinen allgemein vertraut machen.

Was würden Sie einem Käufer raten?

Kaufen Sie Ihre Maschine dort, wo Sie beraten werden und wo Sie jederzeit Unterstützung finden. Bei Nähmaschinen bin ich kein Freund von Online-Käufen.

Ich habe zudem festgestellt, dass Kombimaschinen oft aufwändig umgestellt werden müssen und auch nicht so leistungsfähig sind wie spezialisierte Maschinen, besonders im unteren Preissegment.

Es ist schwer, die Maschine so einzustellen, dass Sie Overlock- und Coverstiche gleichermaßen gut näht. Ich mag aber die Kombimaschinen von BabyLock. Sie sind hervorragend, aber auch ganz anders einzustellen als preisgünstige Kombimaschinen.

„NEHMEN SIE SICH ZUM BEGINN ZEIT, DINGE ZU LERNEN UND AUSZUPROBIEREN“

Was würden Sie jemandem raten, der die Wahl zwischen einer Coverlock oder einer Top-Covermaschine hat?

Wer noch keine Erfahrung mit Coverlocks hat, sollte mit einer normalen Coverlockmaschine beginnen, die Grundlagen erlernen und sich damit vertraut machen. Mit der normalen Coverlockmaschine können Sie fast alles nähen, die Top-Covermaschine ist ein zusätzlicher Luxus.

Das liegt daran, dass der fünfte Faden im Greifer selbst für erfahrene Nutzer eine Herausforderung ist. Als ich meine Top-Covermaschine von Brother bekam, habe ich erst einmal über einen Monat geübt, bevor ich überhaupt erzählt habe, dass ich eine besitze!

Wollen Sie aber unbedingt mit einer Top-Covermaschine beginnen, fangen Sie mit den normalen vier Fäden an und üben Sie so. Wenn Sie die normalen Coverlock-Funktionen beherrschen, können Sie auch mit dem fünften Faden experimentieren.

YVONNES TIPPS ZUR FEHLERBEHEBUNG

- **Prüfen Sie die Nadeln.** Nehmen Sie die richtigen Nadeln und führen Sie diese richtig in die Nadelklammer. Schon ein Bruchteil eines Millimeters kann Probleme bereiten.
- **Prüfen Sie das Garn.** Ein falscher Faden reicht, um die ganze Naht zu ruinieren.
- **Beim Einfädeln den Nähfuß anheben.** Das lockert die Spannungsscheiben und ermöglicht es, den Faden richtig dazwischen zu platzieren. So erhalten Sie die korrekte Spannung.
- **Fangen Sie von vorn an.** Wenn Sie den Fehler nicht finden, fädeln Sie das gesamte Garn neu ein. Halten Sie sich dabei an die Bedienungsanleitung. Damit lassen sich fast alle Probleme lösen!

YVONNE KARLSSON
HÄNDLERIN

KAPITEL 6

PROJEKTE

ELASTISCHE SPITZE ANNÄHEN

Mit der Coverlockmaschine lässt sich die elastische Spitze hervorragend annähen. Die Naht ist elastisch und auch recht unauffällig, wenn man das richtige Garn für den Nadelfaden nimmt. Wir zeigen hier, wie man elastische Spitze rundum annäht.

VORAUSSETZUNGEN

- Ein schmaler oder breiter 2-Nadel-Stich
- Overlockgarn als Nadelfaden
- Overlockgarn oder Bauschgarn im Greifer
- Nähnadel und -garn oder eine Nähmaschine zum Anheften

1 **Spitze zuschneiden.** Bei Rundungen wie etwa Armausschnitten sollte die Spitze etwas kürzer sein als der Stoff. Am Bund oder anderen geraden Stellen sollte die Spitze gleich lang oder etwas kürzer sein.

2 **Naht an der Spitze schließen.** Die Spitze mit einem schmalen Zickzackstich zu einer Schlaufe nähen.

3 **Die Spitze an die rechte Stoffseite heften.** Die Naht der Spitze an der Naht des Kleidungsstücks ausrichten. Die Spitze sollte den Stoff um 0,4–0,6 cm überlappen.

4 **Spitze mit der Maschine oder per Hand anheften.** Mit der Nähmaschine einen langen Heftstich wählen. Ein Kantenfuß vereinfacht die Arbeit. Wird die Spitze an gebogene Stellen wie Hals- und Armausschnitten genäht, ist sie zu dehnen, damit sie flach liegt.

5 **Die angeheftete Spitze.** Die Heftstiche halten die Spitze an Ort und Stelle. Wenn die Covernaht fertig ist, werden sie entfernt.

6 **Spitze annähen.** Das Muster der Spitze und die Stoffkante dienen als Anhaltspunkte für eine gleichmäßige Naht. Auch ein Saumführer eignet sich zu diesem Zweck.

TIPP: Ein Klarsichteinsatzfuß hilft, eine gleichmäßige Naht zu erzeugen.

7 **Über die Naht nähen.** Nähen Sie etwa 2,5 cm über den Nahtbeginn und sichern Sie die Naht nach Ihrer bevorzugten Methode.

8 **Den Heftfaden entfernen.** Ziehen Sie vorsichtig, um die Covernaht nicht zu beschädigen.

9 **Die fertige Spitze.** Der Greiferfaden deckt die Stoffkante ab. Das erfordert etwas Übung, bis der Stich richtig sitzt.

BONUSTIPP: Wenn die gebogenen Teile gedehnt sind und sich nicht wieder zusammenziehen, erhöhen Sie den Differentialtransport an diesen schwierigen Stellen und regeln ihn an den stabileren Stellen wieder herunter.

FALZGUMMI

Mit einer Coverlockmaschine können Sie auch Falzgummi vernähen. Das funktioniert aber nur bei einer flachen Verbindung. Eine Naht muss offen bleiben und wird erst geschlossen, wenn das Gummiband angenäht ist.

VORAUSSETZUNGEN

- Ein schmaler oder breiter 2-Nadel-Stich
- Overlockgarn als Nadelfaden
- Overlockgarn oder Bauschgarn im Greifer
- Nähnadel und -garn oder eine Nähmaschine zum Anheften

VORBEREITUNG

Falzgummi muss beim Annähen gedehnt werden, besonders in gebogenen Bereichen. Das Gummiband sollte in der Regel also kürzer sein, es sei denn, das Kleidungsstück liegt sehr eng an. 85–95 % des Stoffmaßes ist ein guter Anhaltspunkt. Sie können aber auch das Gummiband beim Annähen dehnen. Dann müssen Sie vorher nicht messen.

Sie müssen auch etwa 5 cm an Anfang und Ende des Falzgummis zugeben, damit genug Platz für den Coverstich ist und er sich nicht auflöst.

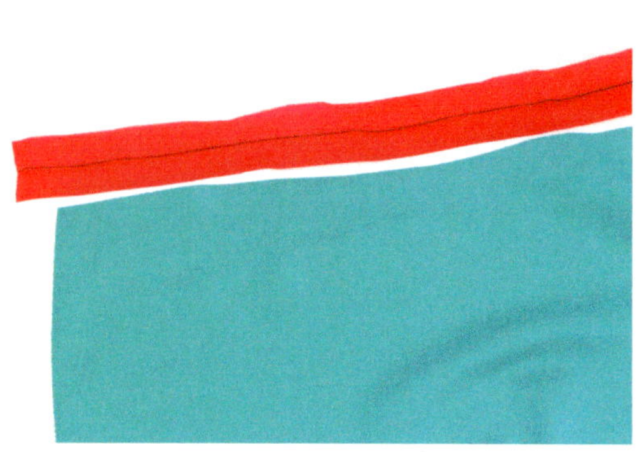

1 **Zum Heften vorbereiten.** Eine Naht wie die Seiten- oder Schulternaht offen lassen. Das Falzgummi muss über die Seitennaht herausragen.

2 **Das Falzgummi anheften.** Das Falzgummi an der Rückseite platzieren. Der Falz ist an der Stoffkante ausgerichtet. Das Falzgummi rechts mit einem Heftstich befestigen. Ein Kantenfuß vereinfacht die Arbeit. Das Gummiband sanft dehnen, damit es sich in die Rundungen legt.

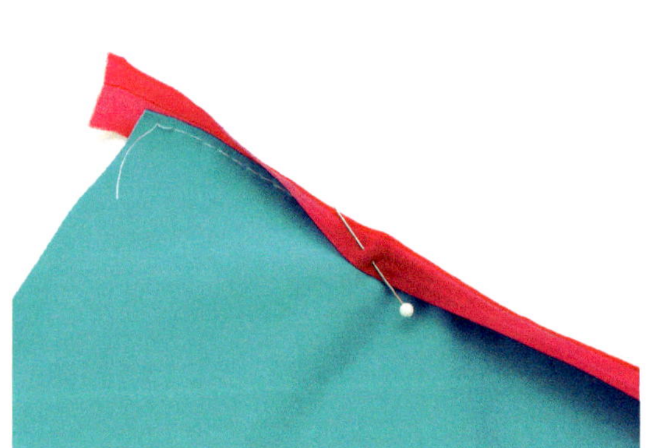

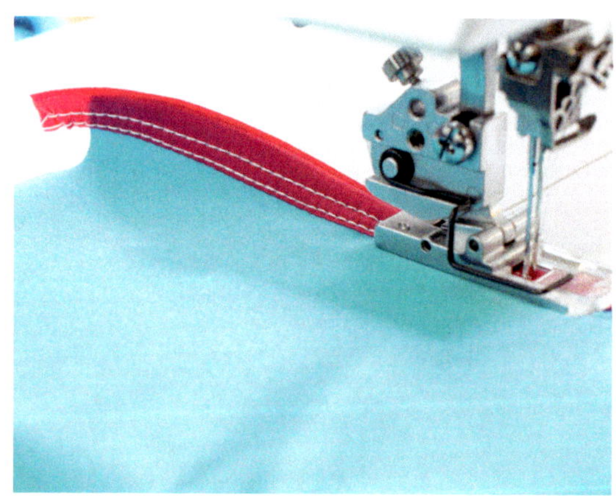

3 **Umfalten und anheften.** Das Gummiband mit ein paar Stecknadeln in Position halten.

4 **Gummiband mit einem Coverstich vernähen.** An der Kante des gefalteten Gummis entlangnähen. Nah an der Kante bleiben. In dieser Phase wird das Gummiband nicht gedehnt, das erfolgte bereits beim Anheften (Schritt 2).

5 **Werkzeuge für gerade Nähte.** Setzen Sie einen Saumführer oder einen mit Klebeknete befestigten Lego-Baustein neben die Oberkante des Gummis. Ein Klarsichteinsatzfuß hilft, das Falzgummi gleichmäßig zu vernähen.

6 **Den Heftfaden entfernen.** Den Faden von der Rückseite der Naht aus herausziehen.

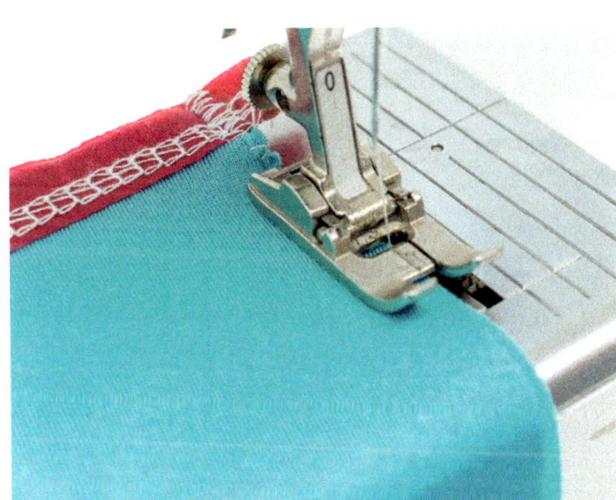

7 **Die seitliche Naht nähen.** Beim Nähen der Seitennaht auch über die Kante des Falzgummis nähen. Das findet man häufig bei Unterwäsche.

8 **Die fertige Naht.** Man kann von rechts ein paar Heftstiche über die Nahtzugabe setzen, um die Naht in Position zu halten.

ELASTISCHE ÖFFNUNGEN

Mit diesem professionellen Verfahren vernähen Sie Öffnungen an Unterwäsche und Bademode. Wichtig sind die korrekten Einstellungen, besonders beim Vernähen von dickerem Gummiband, wo es zu Fehlstichen und Transportproblemen kommen kann. Bei Problemen mit Fehlstichen probieren Sie transparentes Gummiband anstelle von Strickgummi.

VORAUSSETZUNGEN

- Nadeln der Stärke 90/14
- Schmales oder transparentes Gummiband. Für Bademode eignet sich chlorresistentes Badegummi
- Overlockgarn als Nadelfaden
- Bauschgarn oder Overlockgarn im Greifer
- Breiter oder schmaler 2-Nadel-Coverstich

DIE LÄNGE DES GUMMIBANDS ERMITTELN

HALSAUSSCHNITT: Das Gummiband hat die gleiche Länge wie der Halsausschnitt des Kleidungsstücks.

TAILLE: Das Gummiband hat die gleiche Länge wie das Kleidungsstück oder etwas weniger, aber in der Regel nicht weniger als 85 %. Prüfen Sie, wie es bequem ist.

BEINÖFFNUNGEN: Bei Bademode und Unterwäsche sollte das Gummiband hinten kürzer und vorn genau so lang wie das Kleidungsstück sein, z. B. 80–85 % hinten und 95–100 % vorn.

TIPPS FÜR COVERNÄHTE MIT GUMMIBAND

- Nehmen Sie Nadeln der Stärke 90/14, um Fehlstichen vorzubeugen.
- Erhöhen Sie die Stichlänge.
- Erhöhen Sie den Nähfußdruck.
- Reduzieren Sie den Differentialtransport.
- Benutzen Sie eine „Stoff-Hebamme“ (Höhenausgleich), um den Nähfuß bei voluminösen Nähten anzuheben.
- Setzen Sie das gefaltete Gummiband etwas neben die Naht, um das Volumen zu reduzieren.

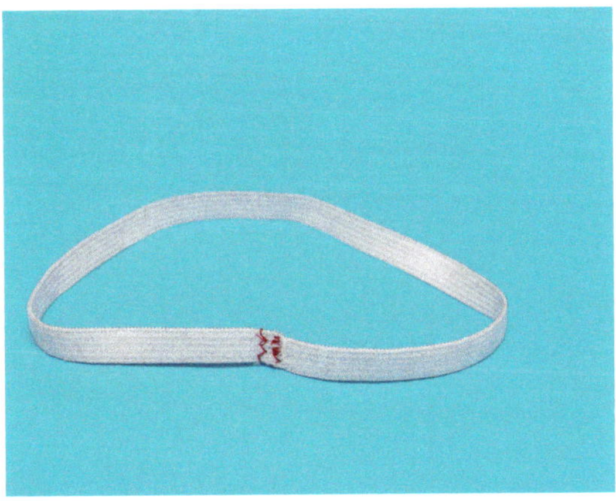

1 **Das Gummiband zusammennähen.** Die Enden überlappen lassen und mit zwei Reihen Zickzackstichen vernähen. Die Naht verriegeln.

2 Das Gummiband aufteilen und anheften. Das Gummiband auf der Rückseite anheften und es über die Länge gleichmäßig verteilen. An Halsausschnitt und Taille das Gummiband in Viertel aufteilen. Bei Beinöffnungen sollte das Gummiband hinten stärker gedehnt werden (siehe die Länge des Gummis ermitteln auf Seite 106).

3 **Option 1: Zickzackstich.** Das Gummiband mit einem mittleren Zickzackstich mit der Nähmaschine aufnähen und dabei von Hand dehnen. Es muss parallel zur Stoffkante verlaufen.

4 **Option 2: Overlockstich.** Mit einem 3-Faden-Overlockstich nähen und das Messer deaktivieren, damit es nicht ins Gummiband schneidet. Die Kante des Gummibands muss parallel zur Stoffkante verlaufen. Wo erforderlich, dehnen.

5 **Das Gummiband falten.** Die innere Kante des Gummibands dabei als Führung benutzen. Das Gummiband sollte völlig vom Stoff bedeckt sein.

6 **Gummiband mit einem Coverstich vernähen.** Nach einer Naht beginnen, um Fehlstiche zu vermeiden. Bei Beinöffnungen vom Innenbein nach vorn nähen. Die Naht sollte nah an der Innenkante der Falzung liegen. Wo erforderlich, dehnen.

7 **Über die Naht nähen.** Nähen Sie etwa 2,5 cm über den Nahtbeginn und sichern Sie die Naht nach Ihrer bevorzugten Methode.

8 **Die fertige Öffnung.** Hier beträgt das Verhältnis vorn 1:1 und an der hinteren Beinöffnung 85 % für das Gummiband.

WÄSCHEGUMMI

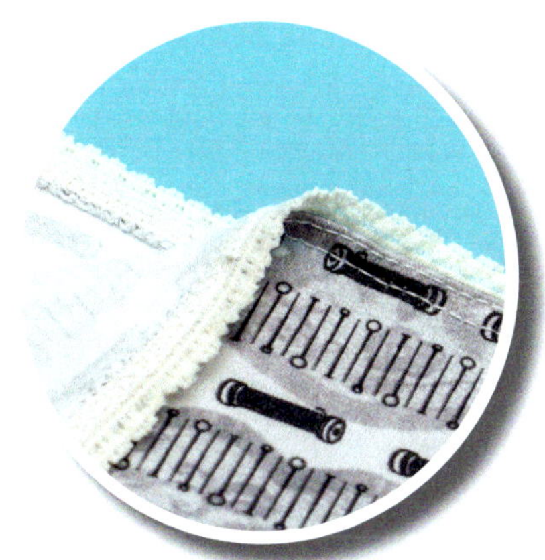

Wäschegummi ist weich und hat eine Pikotkante. Es eignet sich für Taillen-, Arm- und Beinöffnungen sowie den Halsausschnitt. Wir zeigen ein Verfahren für gefaltetes und abgestepptes Gummiband. Sie können aber auch das Verfahren für elastische Spitze (S. 100) anwenden.

VORAUSSETZUNGEN

- Nadeln der Stärke 80/12 oder 90/14
- Wäschegummi
- Overlockgarn als Nadelfaden
- Bauschgarn oder Overlockgarn im Greifer
- Breiter oder schmaler 2-Nadel-Coverstich

DIE LÄNGE DES GUMMIBANDS ERMITTELN

HALSAUSSCHNITT: Das Gummiband hat die gleiche Länge wie der Halsausschnitt des Kleidungsstücks.

TAILLE: Das Gummiband hat die gleiche Länge wie das Kleidungsstück oder etwas weniger.

BEINÖFFNUNGEN: Bei Unterwäsche sollte das Gummiband hinten etwas kürzer und vorn genau so lang sein wie das Kleidungsstück, also etwa 90 % hinten und 95–100 % vorn.

1 **Das Gummiband zusammennähen.** Die Enden überlappen lassen und mit zwei Reihen Zickzackstichen vernähen. Die Naht verriegeln.

2 **Das Gummiband anheften.** Das Gummiband mit der Pikotkante nach unten auf der Vorderseite anheften und es über die Länge gleichmäßig verteilen (siehe die Länge des Gummis ermitteln auf S. 106).

3 **Option 1: Zickzackstich.** Das Gummiband mit einem mittleren Zickzackstich mit der Nähmaschine aufnähen und dabei nach Bedarf von Hand dehnen. Die untere Kante des Gummibands muss parallel zur Stoffkante verlaufen.

4 **Option 2: Overlockstich.** Mit einem 3-Faden-Overlockstich nähen und das Messer deaktivieren, damit es nicht ins Gummiband schneidet. Die Kante des Gummibands muss parallel zur Stoffkante verlaufen. Wo erforderlich, dehnen.

5 **Das Gummiband umfalten und anheften.** So falten, dass die Pikotkante herausragt.

6 **Gummiband mit einem Coverstich vernähen.** Kurz hinter einer Naht beginnen, um Fehlstiche zu vermeiden. Die Naht sollte nah an der unteren Kante des Wäschegummis liegen. Wo erforderlich, beim Nähen dehnen.

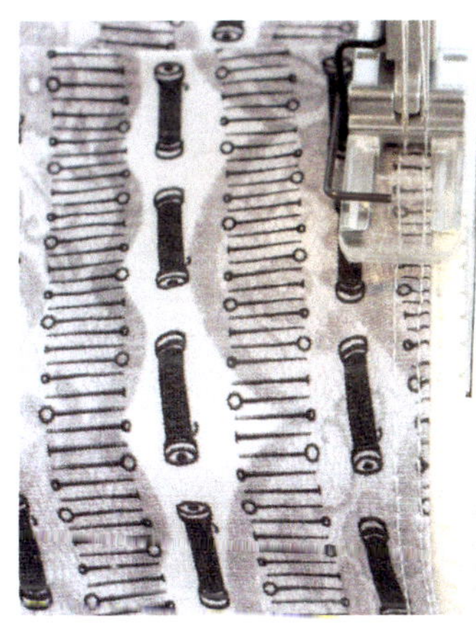

7 **Über die Naht nähen.** Nähen Sie etwa 2,5 cm über den Nahtbeginn und sichern Sie die Naht nach Ihrer bevorzugten Methode.

8 **Die fertige Öffnung mit Wäschegummi.** Dieses weiche Gummiband ist sehr bequem und eignet sich für Unterwäsche besser als normales Gummiband.

„Sie können viel mehr machen, als Säume an Jerseystoffe nähen."

COVERLOCK-EXPERTIN

Gail Patrice Yellen

Gail Patrice Yellen veranstaltet Kurse und Workshops in den USA. Sie gibt auch Online-Kurse, z. B. einen Coverstich-Kurs auf Craftsy.com. Dazu ist sie Autorin des Buches *Serger Essentials*. Sie experimentiert gern mit allen möglichen Verzierungen und gibt hier ihre Tipps zur Beherrschung der Coverlockmaschine.

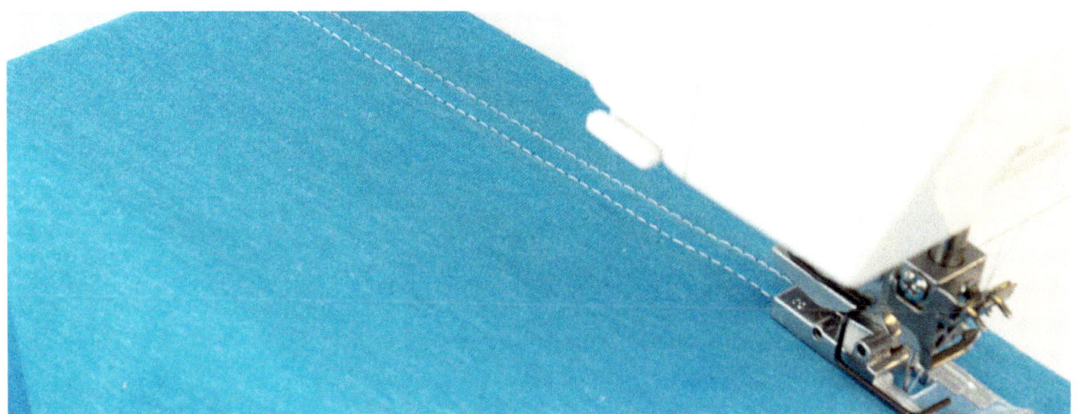

Viele kaufen eine Coverlockmaschine, um Säume an Jerseystoffe zu nähen. In Ihrem Craftsy-Kurs zeigen Sie auch andere Möglichkeiten. Verraten Sie uns, wofür man die Coverlock noch benutzen kann.

Ich gebe in den USA Kurse für Overlock und Coverlock und wurde gebeten, den Craftsy-Kurs zu leiten. Ich wollte konventionelle, aber auch kreative Anwendungen für die vielseitige Coverlockmaschine zeigen. Sie kann viel mehr als Säume an Jerseystoffe nähen.

Mit einer Garnpalette mische ich mehrere Garne im Kettstichgreifer. Mit der Greiferseite des dreifachen Coverstichs schaffen Sie so einfache, elegante Verzierungen. Sogar ein starkes Ziergarn (8–12) im Greifer sieht gut aus.

Der breite Coverstich schafft eine perfekte, falsche flache Kappnaht und eignet sich gut für überlappende Nähte. Ich benutze auch gern die Gürtelschlaufenführung, den Saumführungsfuß und den Bandnähfuß für Halsausschnitte.

Einige Nutzer sind von ihrer Coverlockmaschine überfordert. Wie kann man sich den Umgang mit ihr vereinfachen?

Es gibt ein paar Tipps für Erfolge mit Overlock und Coverlock. Ich rate stets zu einer Nähprobe, um Stichlänge, Einstellung der Transporteure, Nadeln und die Einstellung der Spannung zu prüfen. Prüfen Sie auch vorher, ob ein schmaler, breiter oder dreifacher Coverstich am besten zu Ihrem Projekt passt.

Nehmen Sie neue Nadeln und nähen Sie langsam bis mäßig schnell. Zu schnelles Nähen kann zu Fehlstichen führen. Oft wird am Stoff gezogen, um ihn zu kontrollieren. Das führt oft zu überdehnten Kanten. Eine Saumführung bringt gleichmäßige Säume. Wülste lassen sich vermeiden, wenn alle Nadeln beide Stofflagen nähen.

Ein längerer Stich wirkt professionell, etwa 3,0 je nach Stoffgewicht. Beim Säumen leichter Jerseystoffe gibt ein Streifen leichter gestrickter Bügeleinlage oder ein Schrägstreifen gewebter Bügeleinlage dem Saum mehr Gewicht und Stabilität und ein eleganteres Aussehen.

DIE BESTEN TIPPS VON GAIL PATRICE YELLEN

Einfassungen nähen

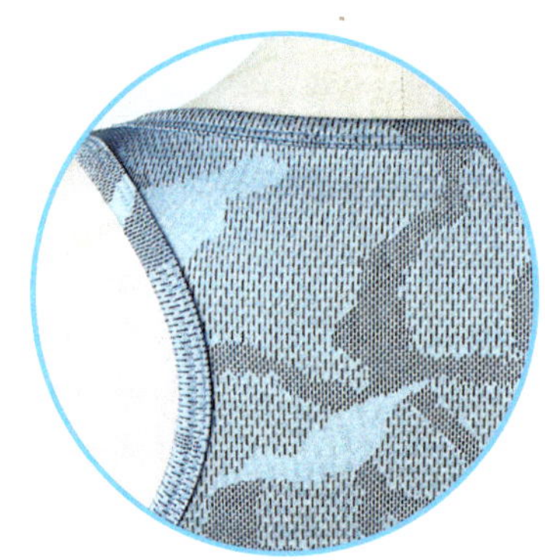

Das erfordert etwas Übung, lohnt sich aber. Die richtige Breite des Streifens entnehmen Sie den Anleitungen des Designers. Verschiedene Stoffe können unterschiedliche Breiten erfordern.

Machen Sie eine Probe mit einem langen Stoffstreifen. Die Stichlänge sollte 3,5–4 betragen. Das hört sich nach viel an, aber Sie nähen durch fünf Lagen – zwei doppelte Lagen der Einfassung und die Stoffkante.

Achten Sie darauf, dass die Einfassung nicht vom Bandnähfuß oder beim Herunterhängen von der Tischkante gedehnt wird. Sehen Sie sich meine Overlockvideos (*Serger Tip Clip*) auf YouTube an!

Nähen über voluminöse Stofflagen.

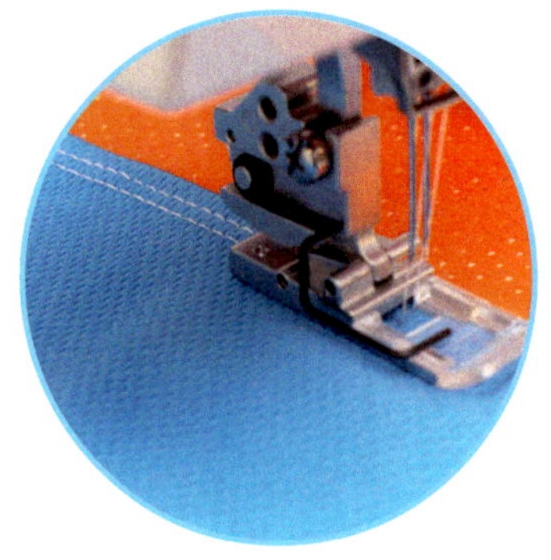

Das Nähen über voluminöse Stofflagen erfordert eine höhere Stichlänge und stärkere Nadeln, etwa 90/14. Eventuell müssen Sie den Nähfußdruck anpassen. Probieren Sie es mit einem Stoffrest. Nähen Sie langsam. Wo sich Nähte kreuzen, nähen Sie langsamer, erhöhen die Stichlänge und führen die Nadeln per Hand über die Nahtzugabe.

Hinter der Nahtzugabe halten Sie an und gehen auf die ursprüngliche Stichlänge zurück. Falten Sie die Nahtzugabe unter den Saum, um Abstand von der Nahtzugabe des Kleidungsstücks zu haben.

Vermeiden von Fehlstichen

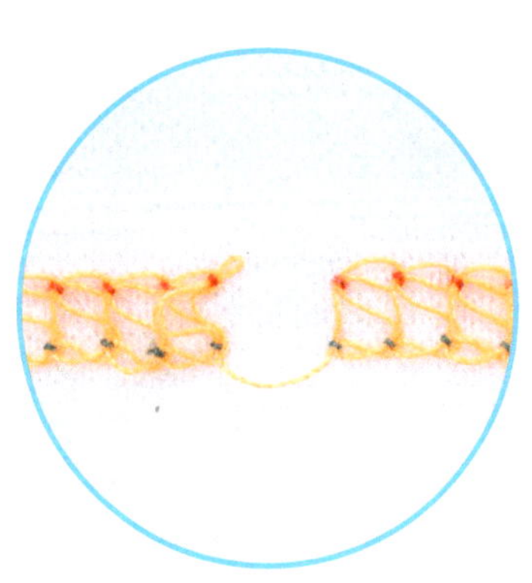

Für missratene Stiche kann es mehrere Gründe geben. Wenn Sie mit den Nadeln schon vier bis sechs Stunden genäht haben, tauschen Sie sie aus.

Einige Jerseystoffe, besonders solche mit Lycra, Spandex oder Elastan, brauchen eine Stretchnadel. Ziehen Sie weder vor noch hinter dem Nähfuß am Stoff. Ziehen Sie von hinten, ist das oft zu schnell für die Coverlock, um den Stich zu bilden. So entstehen Fehlstiche.

GEFALTETER GECOVERTER HALSAUSSCHNITT

Der Halsausschnitt an einem Top lässt sich am einfachsten mit einer Coverlockmaschine einfassen. Das funktioniert bei runden und bei Bateau-Ausschnitten. Sie falten den Stoff nach innen und covern ihn.

VORAUSSETZUNGEN

- Breiter oder schmaler 2-Nadel-Coverstich
- Nadeln der Stärke 80/12 oder 90/14

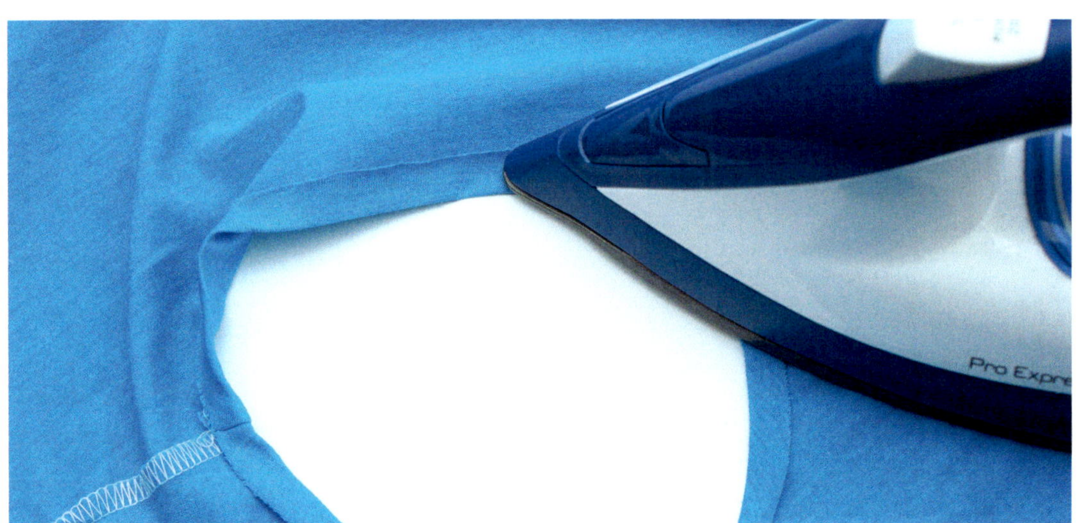

1 **Halsausschnitt nach innen falten.** Die Nahtzugabe sollte nur etwa 1 cm betragen. Ist sie breiter, wird es schwierig, den Stoff flach zu legen.

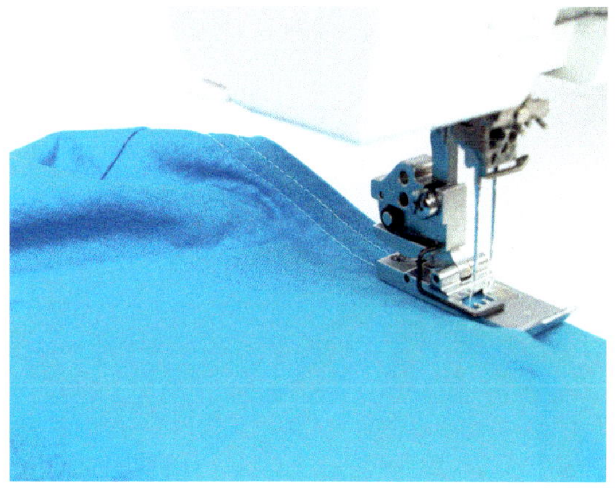

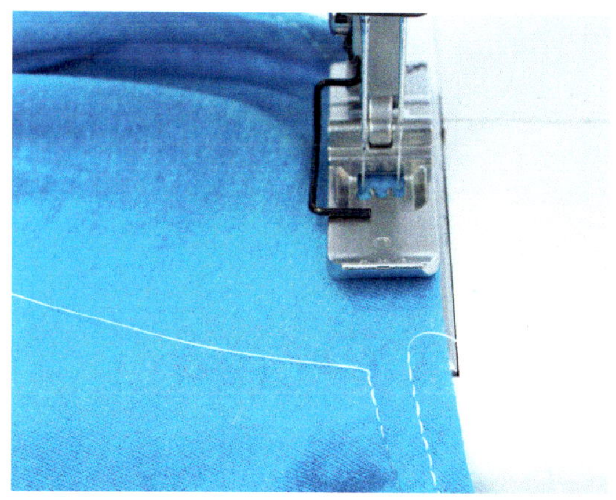

2 **Halsausschnitt mit Coverstich nähen.** So nähen, dass der Greiferfaden auf der Rückseite die Stoffkante abdeckt. Fangen Sie hinten kurz vor der Schulternaht an. Dafür eignet sich ein schmaler oder breiter 2-Nadel-Coverstich.

3 **Über die Naht nähen.** Etwas über den Nahtanfang nähen, um die Naht zu schließen. Um die Naht abzuschließen und fertigzustellen, das Ziehverfahren (S. 76/77) anwenden.

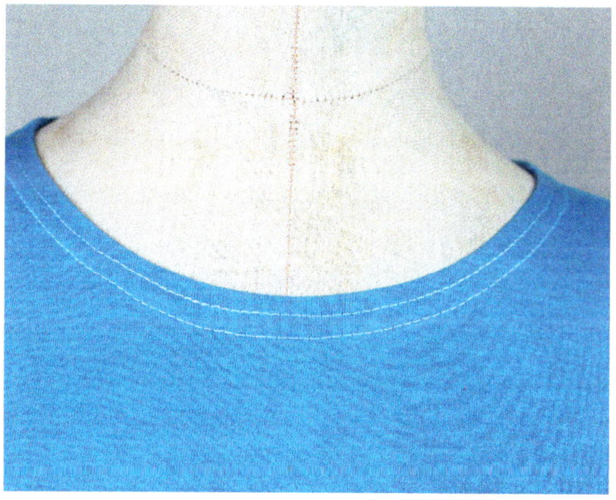

4 **Der fertige Halsausschnitt.** Links überlappen sich die Stiche; dort wird die Naht gesichert. Das ist ein sauberer Abschluss ohne Einfassung und Ripp, der nicht aufträgt. Man findet ihn häufig bei gekauften Jersey-Oberteilen.

EINLAGIGE EINFASSUNG

Diese simple Methode trägt weniger auf als die klassische zweilagige Einfassung. Sie ist auch für Anfänger einfacher zu erlernen. Ein Overlockstich vorab erleichtert das Einfassen und sorgt für einen sauberen Abschluss, ist aber nicht unbedingt notwendig.

VORAUSSETZUNGEN

- Jerseystoff (aus dem Stoff des Kleidungsstücks oder Ripp)
- Breiter oder schmaler 2-Nadel-Coverstich oder Kettstich
- Nadeln der Stärke 80/12 oder 90/14
- Nähmaschine oder Overlock

1 **Einfassstreifen vorbereiten.** Die Breite des Streifens beträgt etwa das 3,5-Fache der fertigen Einfassstreifen plus Nahtzugabe. Er sollte auch etwas länger sein als der Halsausschnitt, das macht das Vernähen einfacher. Eine Seite des Einfassstreifens mit einem 3-Faden-Overlockstich oder einem Zierstich der Nähmaschine versäubern.

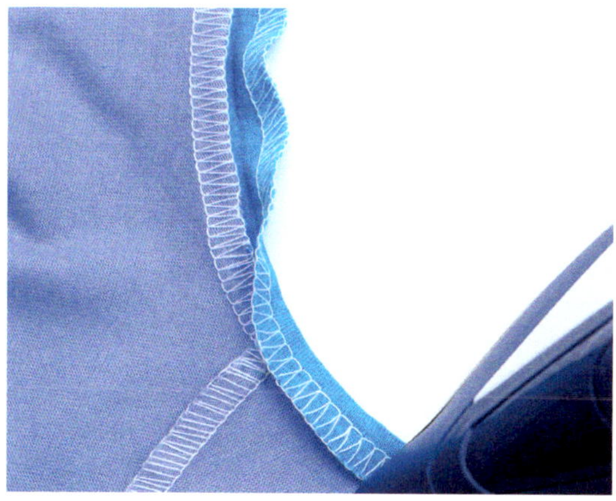

2 **Einfassung annähen.** Eine Schulter- oder Seitennaht muss offen bleiben. Nähen Sie den Einfassstreifen rechts auf rechts mit einer Overlock- oder einer Nähmaschine an. Dehnen Sie dabei den Streifen sanft, besonders an Rundungen.

3 **Das Absteppen vorbereiten.** Den Einfassstreifen über die Nahtzugabe falten. Kann der Stoff gebügelt werden, bei niedriger Temperatur bügeln.

TIPP: Beim Absteppen die Einfassung von Hand anheften oder Textilkleber benutzen.

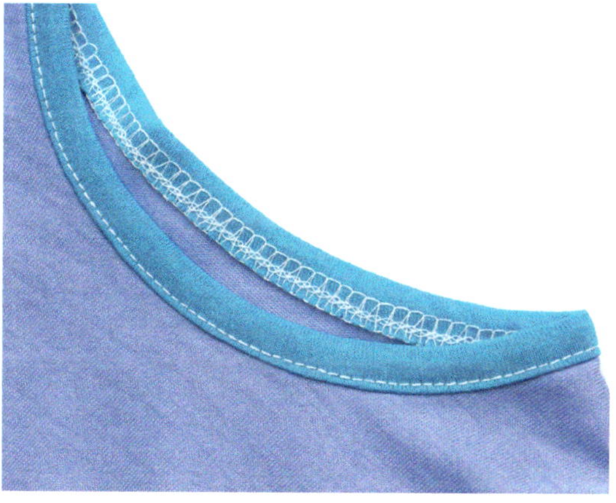

4 **Einfassung vernähen.** Den Einfassstreifen mit einem breiten oder schmalen 2-Nadel-Coverstich oder einem 1-Nadel-Kettstich vernähen. Nah an der Kante bleiben. Durch Vernähen der offenen Naht die Einfassung schließen (siehe zweilagige Einfassung auf den S. 124/125).

5 **Der fertige Halsausschnitt.** Ein sauberer Abschluss, der nicht aufträgt. Der hier gezeigte Kettstich ist ideal für alle schmalen Einfassungen am Halsausschnitt.

EINFASSUNG MIT BESCHNITTENER KANTE

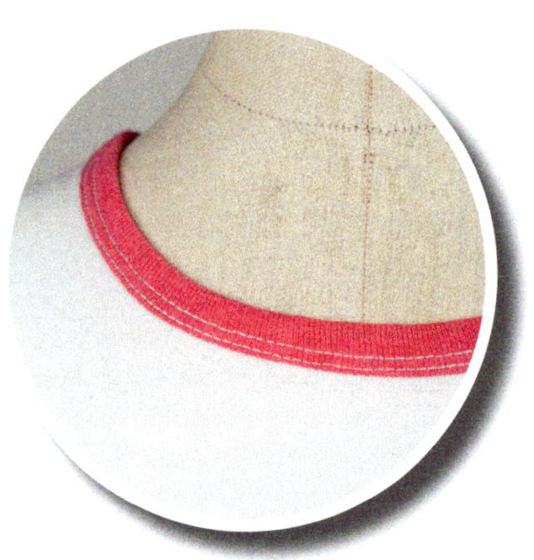

Diese einlagige Einfassung ist ideal für einen sauberen Abschluss auf der Innenseite. Hier beginnen Sie mit einem besonders breiten Einfassstreifen und schneiden den überstehenden Stoff nach dem Einfassen ab. Zum Annähen verwenden Sie einen einfachen Geradstich. Keine Sorge, dieser wird nicht reißen, da Sie ihn mit einem Coverstich absteppen.

VORAUSSETZUNGEN

- Jerseystoff (aus dem Stoff des Kleidungsstücks oder Ripp)
- Nähmaschine
- Breiter oder schmaler 2-Nadel-Coverstich
- Nadeln der Stärke 80/12 oder 90/14
- Rollschneider oder scharfe Schere

1 **Die Einfassung zuschneiden.** Einen rechteckigen Streifen zuschneiden, der länger und breiter als die fertige Einfassung ist. Für die Breite wird die Breite der fertigen Einfassung mit 3 multipliziert und es werden etwa 3 cm dazugegeben. Der überschüssige Stoff wird nach dem Nähen abgeschnitten. Die Länge entspricht der Länge des einzufassenden Bereichs plus mindestens 5 cm.

2 **Einfassung annähen.** Den Einfassstreifen mit einem längeren Geradstich oder einem schmalen Zickzackstich, Rückseite nach oben, rechts auf rechts, annähen. Der Abstand von der Stoffkante entspricht der Breite der Einfassung. Beim Nähen den Einfassstreifen dehnen, damit er in den Rundungen flach liegt.

3 **Enden offen lassen.** Auf jeder Seite müssen 2,5 cm der Einfassung offen bleiben, um die Naht zu schließen.

4 **Die Öffnung schließen.** Den Stoff sanft dehnen und die Kanten zusammennähen, um den Einfassstreifen zu schließen. Den überstehenden Stoff an der Nahtzugabe abschneiden.

5 **Die restliche Einfassung annähen.** Rechts auf rechts über die Nahtzugabe nähen und diese auseinanderbügeln. Beim Nähen dehnen.

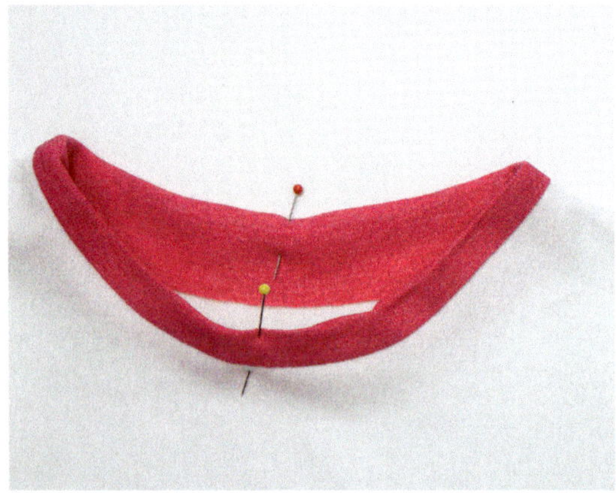

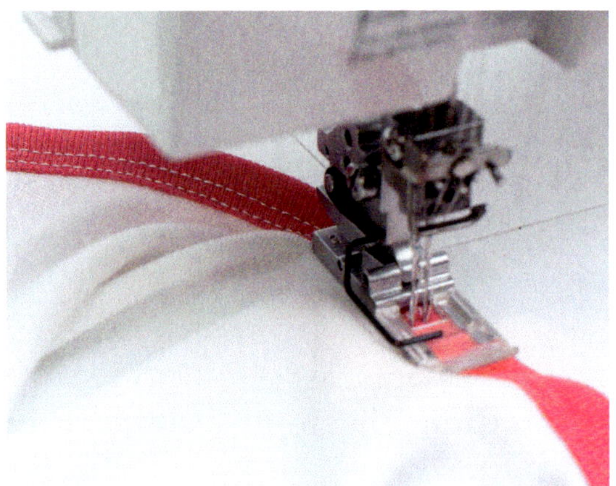

6 **Vorbereitung der Covernaht.** Einfassung umfalten und mit Stecknadeln anheften. Der Stoff kann auch mit einem Heftstich oder Textilkleber in Position gehalten werden.

7 **Einfassung vernähen.** Sie können einen breiten oder schmalen 2-Nadel-Coverstich nehmen. Auch ein 3-Nadel-Coverstich kann funktionieren.

8 **Überstehenden Stoff abschneiden.** Vorsichtig direkt unterhalb der Naht mit einem Rollschneider oder einer scharfen Schere schneiden.

9 **Der fertige Halsausschnitt.** Diese Methode trägt am wenigsten auf. Mit etwas Übung schneiden Sie sauber und gleichmäßig nah an der Naht.

DOPPELLAGIGE EINFASSUNG AUS JERSEY

Eine doppellagige Einfassung ähnelt dem Look professioneller Freizeitkleidung und lässt sich ohne Bandnähfuß herstellen. Diese sogenannte französische Einfassung sieht auch auf der Innenseite sehr sauber aus. Sie trägt aber auf. Deshalb erzielt man die besten Ergebnisse mit dünnen, leichten Stoffen.

VORAUSSETZUNGEN

- Jerseystoff (aus dem Stoff des Kleidungsstücks oder Ripp)
- Breiter oder schmaler 2-Nadel-Coverstich oder Kettstich
- Nadeln der Stärke 80/12 oder 90/14
- Nähmaschine oder Overlock
- Rollschneider oder scharfe Schere

1 **Einen rechteckigen Stoffstreifen quer zuschneiden.**
Breite: 6-fache Breite der fertigen Einfassung + etwa 1 cm zusätzlich. Diese Zugabe gleicht die Faltung und Dehnung des Stoffes in mehreren Lagen aus.

Länge: Umfang des Halsausschnitts + etwa 10 cm zusätzlich. Die zusätzliche Länge vereinfacht das Nähen. Achtung: Die Einfassung dehnt sich beim Nähen und eine Naht des Kleidungsstücks muss bei dieser Methode offen bleiben.

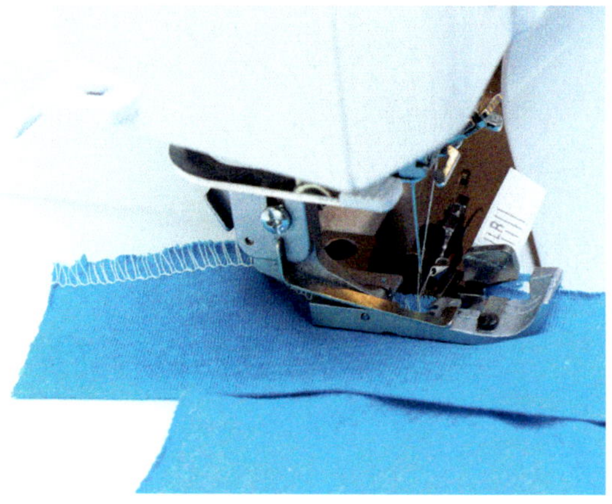

2 **Den Einfassstreifen falten.** Wenn möglich, den Stoff bügeln, damit die Falte schärfer wird.

3 **Einfassstreifen annähen.** Dafür eignet sich eine Overlocknaht oder eine elastische Nähmaschinennaht. 5 cm über die Kante ragen lassen. Streifen rechts auf rechts annähen. Die Naht sollte so breit sein wie die gefaltete Einfassung. Beim Nähen den Streifen dehnen, damit er in den Rundungen flach liegt.

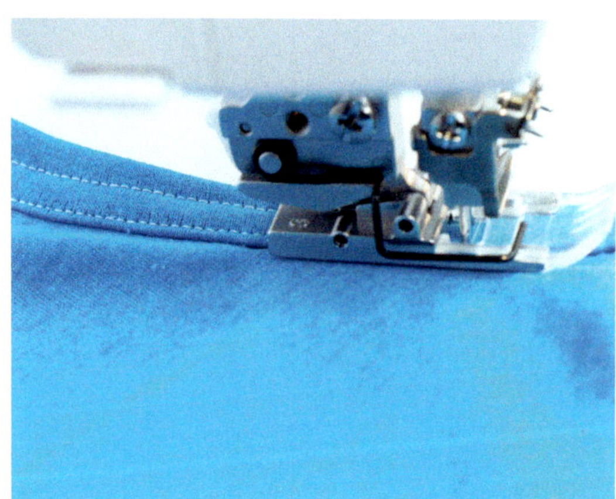

4 **Einfassung falten und absteppen.** Mit einem schmalen oder breiten 2-Nadel-Coverstich oder einem 1-Nadel-Kettstich vernähen. Nahe an der Kante nähen. Ein Klarsichteinsatzfuß hilft dabei.

5 **Die Einfassung verschließen.** Zum Abschluss muss die offen gelassene Naht geschlossen werden. Mit einer normalen Nähmaschine und einem Geradstich an der voluminösen Stelle der Einfassung beginnen. So lässt sich die Naht leichter schließen.

6 **Die restliche Naht nähen.** Aus gegenüberliegenden Richtungen mit einer Overlocknaht oder einer elastischen Naht auf der Nähmaschine arbeiten. Entweder an der geraden Naht anhalten oder die restliche Naht nahe an der Außenkante fertig nähen. Das löst das Problem der voluminösen Stofflagen.

7 **Die Nahtzugabe festnähen.** Die Nahtzugabe wird auf rechts mit einem vertikalen Heftstich in Position gehalten.

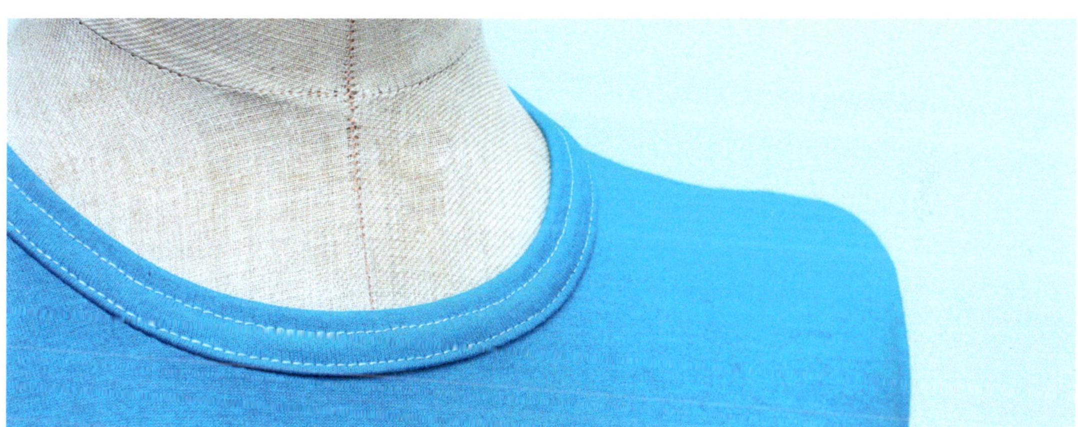

8 **Die fertige Einfassung.** Diese französische Einfassung bringt das professionellste Ergebnis ohne Bandnähfuß. Sie müssen nur den Stoff beim Nähen dehnen und dürfen auch nur leichtere Stoffe verwenden.

EINFASSUNG AUS JERSEY MIT DEM BANDNÄHFUSS

So erstellen Sie professionell eine Einfassung aus Jersey. Der Bandnähfuß ermöglicht eine drei- oder vierfache Faltung und faltet und näht gleichzeitig. Er fordert aber ein bisschen an Übung, bevor es richtig klappt.

VORAUSSETZUNGEN

- Jerseystoff (aus dem Stoff des Kleidungsstücks oder Ripp)
- Bandnähfuß
- Schmaler oder breiter 2-Nadel-Coverstich oder 1-Nadel-Kettstich
- Nadeln der Stärke 80/12 oder 90/14
- Rollschneider oder scharfe Schere

TIPPS FÜR DEN BANDNÄHFUSS AN DER COVERLOCK

- Bei Fehlstichen Nadeln der Stärke 90/14 nehmen, besonders bei dickeren Stofflagen.
- Erhöhen Sie die Stichlänge, 3–4 ist zu empfehlen.
- Erhöhen Sie den Nähfußdruck, denn Sie nähen über dicke Stofflagen
- Rollen Sie das Band um eine leere Toilettenpapierrolle und stellen Sie es auf einen Rollenständer für Küchentücher. So können Sie das Band gleichmäßig zuführen und die Rolle fällt nicht vorzeitig in sich zusammen.
- Mit einem Lego-Baustein oder einem magnetischen Nahtführer verrutscht das Band nicht.
- Beim Nähen nicht am Band ziehen. Schieben Sie es nur sanft in Position, wenn es verrutscht.
- Mit einem Klarsichteinsatzfuß können Sie besser gerade nähen. Sie sehen, wie das Band abläuft und ob es verrutscht.
- Reduzieren Sie den Differentialtransport, so wird das Band leichter transportiert.

1 **Streifen zuschneiden.** Die für den Bandnähfuß empfohlene Breite verwenden (je exakter, desto besser das Ergebnis). Sie sollten generell quer zur Stretchrichtung schneiden.

2 **Kante formen.** Schneiden Sie das Band dreieckig zurecht, um es leichter in den Bandnähfuß zu führen.

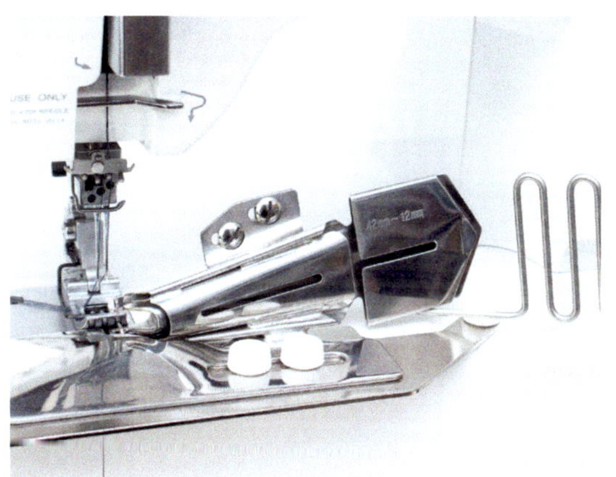

3 **Streifen aufrollen.** Um den Streifen gleichmäßig zum Nähfuß zu führen und damit er nicht zusammenfällt, rollen Sie ihn auf eine leere Toilettenpapierrolle und einen Ständer für Küchenrollen.

4 **Den Bandnähfuß befestigen.** Folgen Sie den Anleitungen für Ihre Coverlockmaschine. Ein markenloses Modell können Sie mit Klebeknete oder Klebeband befestigen.

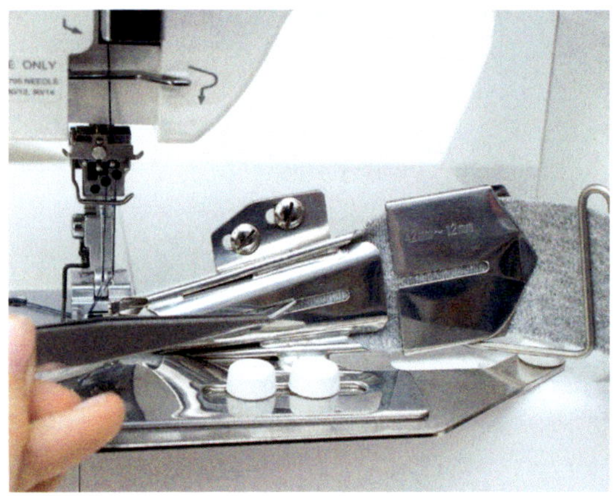

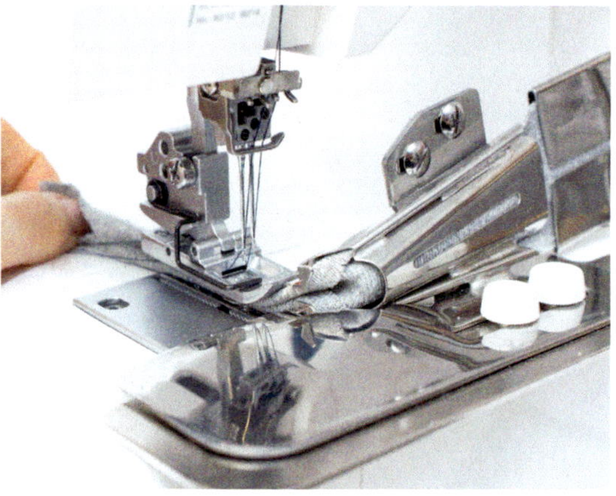

5 **Den Stoff durch den Bandnähfuß ziehen.** Ziehen Sie ihn mit der linken Seite nach oben mit einer Nadel, Ahle oder Pinzette durch die schmale rohrförmige Öffnung.

6 **Den Streifen unter den Bandnähfuß legen.** Die Kante mit zwei Fingern greifen und die Einfassung unter den Nähfuß ziehen. Idealerweise sind dabei 2,5–5 cm Band hinter dem Nähfuß.

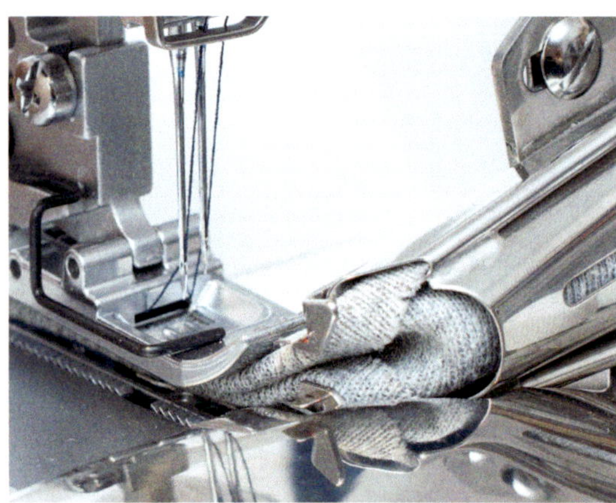

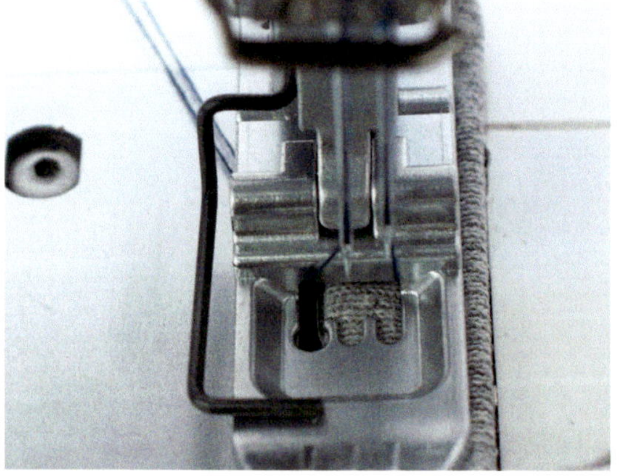

7 **Das Band muss richtig gefaltet sein.** Bei einigen Bandnähfüßen lässt sich die Faltung justieren. Die obere Hälfte sollte etwas breiter sein als die untere, aber probieren Sie selbst, was für Sie funktioniert.

8 **Das gefaltete Band an den Nadeln ausrichten.** Die Kante des Bandes sollte links nah an der mittleren Nadel sein.

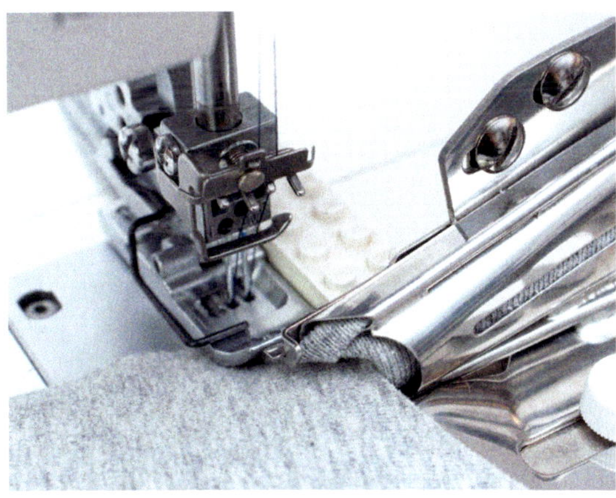

9 **Das Band annähen.** Den Stoff für das Kleidungsstück erst einlegen, wenn alles richtig eingestellt ist. Die Stoffkante in die Faltung schieben.

TIPP: Mit einem Lego-Baustein als Saumführung verrutscht das Band nicht. Klebeknete oder Klebeband halten den Baustein fest.

10 **Vorsichtig nähen.** Beim Nähen nicht am Band ziehen oder reißen. Das bringt alles durcheinander. Das Band nur sanft führen. Wenn es verrutscht, kann es mit einer Ahle oder Pinzette neu ausgerichtet werden.

11 **Über die Kante hinausnähen.** Wenn Sie fertig sind, nähen Sie über Ihr Kleidungsstück hinaus. Der überstehende Rest des Bandes wird später abgeschnitten. Zum Schluss die offene Naht schließen (siehe *Doppellagige Einfassung aus Jersey* auf S. 124/125).

12 **Die fertige Einfassung.** Diese Methode ist nicht leicht zu beherrschen, bringt aber professionelle Ergebnisse. Der Greiferfaden sollte die Kante auf der Innenseite abdecken.

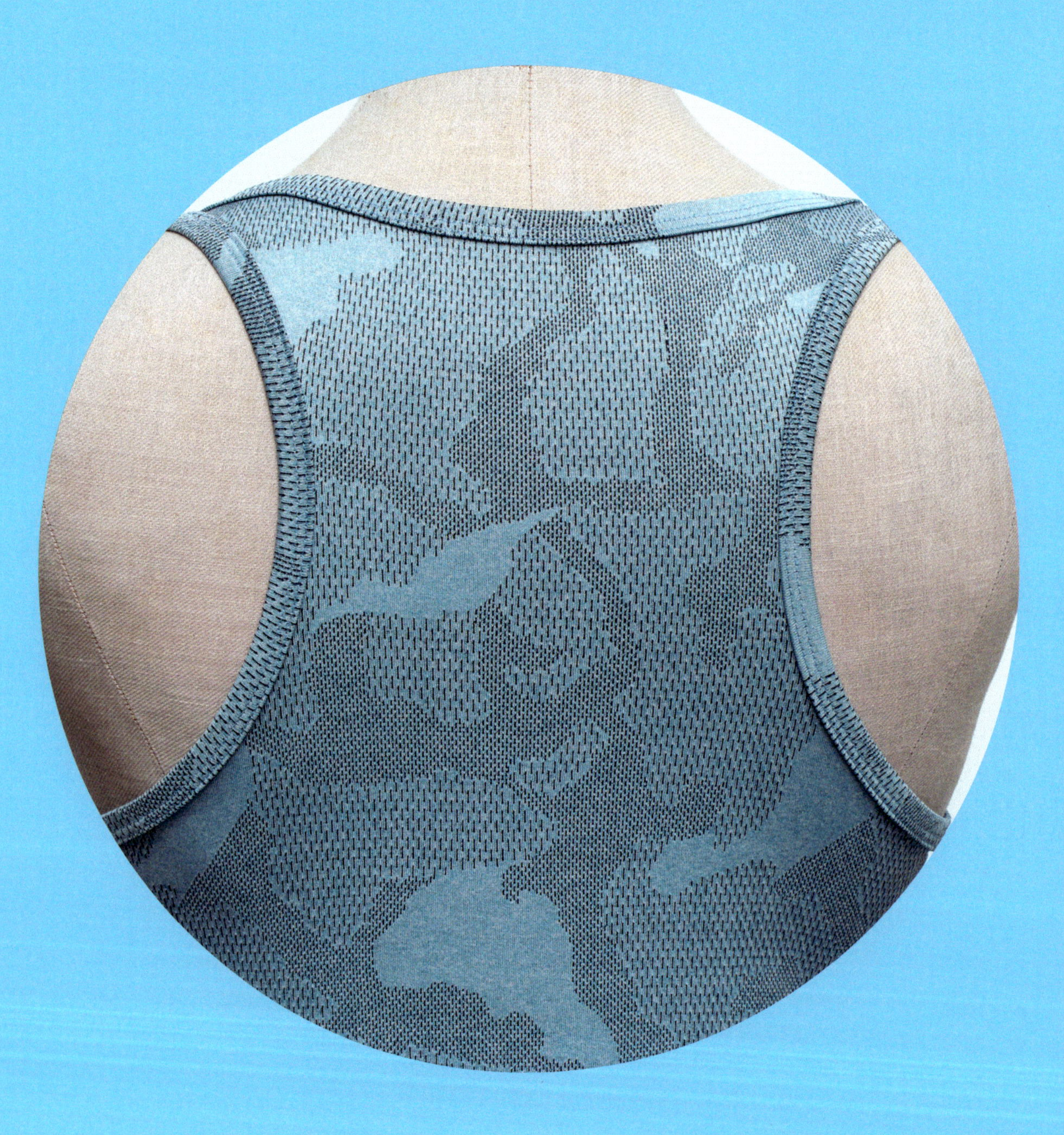

GÜRTELSCHLAUFEN

In der Textilindustrie werden Gürtelschlaufen auf einer Coverlock genäht. Dazu gibt es einen Gürtelschlaufenfuß. Wenn Sie keinen haben, können Sie auch mit einem Stück Pappe gleichmäßig gefaltete Gürtelschlaufen nähen.

VORAUSSETZUNGEN

- Normales Nähgarn für die Nadeln (einige Coverlocks vertragen kein Topstitch-Garn als Nadelfaden)
- Overlockgarn als Greiferfaden
- Breiter 2-Nadel-Coverstich
- Nadeln der Stärke 90/14
- Ein Stück Pappe

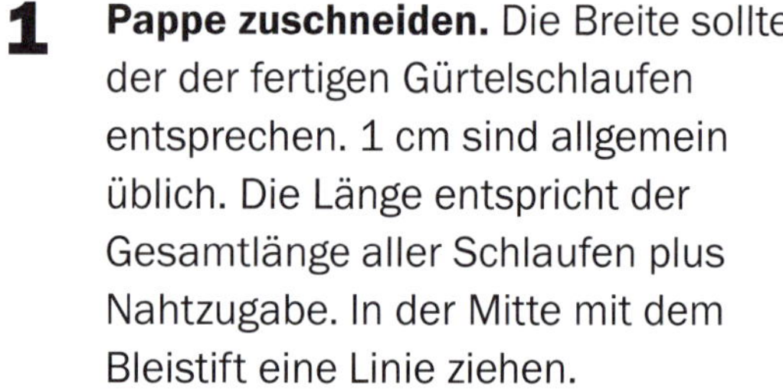

1 **Pappe zuschneiden.** Die Breite sollte der der fertigen Gürtelschlaufen entsprechen. 1 cm sind allgemein üblich. Die Länge entspricht der Gesamtlänge aller Schlaufen plus Nahtzugabe. In der Mitte mit dem Bleistift eine Linie ziehen.

2 **Streifen für die Schlaufen zuschneiden.** Der Stoff sollte längs geschnitten werden. Die Breite beträgt das Doppelte der Gürtelschlaufen plus ein paar Millimeter Zugabe für die Faltung.

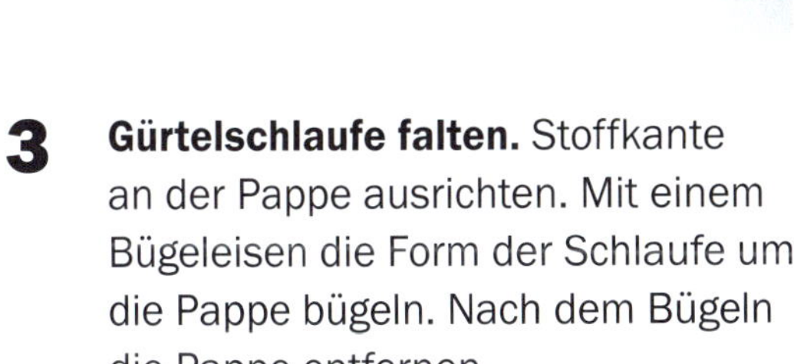

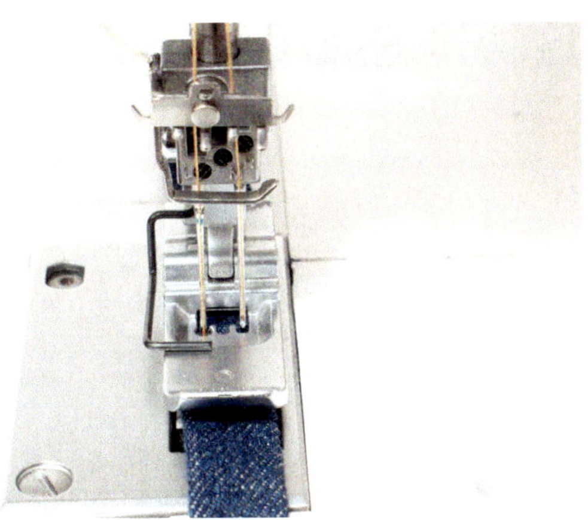

3 **Gürtelschlaufe falten.** Stoffkante an der Pappe ausrichten. Mit einem Bügeleisen die Form der Schlaufe um die Pappe bügeln. Nach dem Bügeln die Pappe entfernen.

4 **Gürtelschlaufen nähen.** Die Nadeln sollten beim ersten Stich den Stoff treffen.

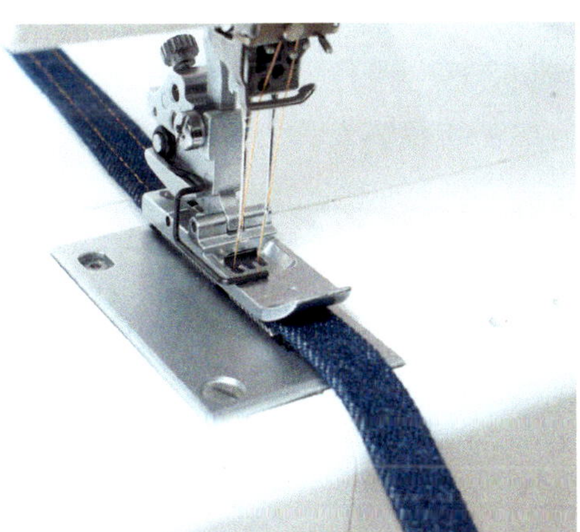

5 **Genau in der Mitte nähen.** Die Kante des Nähfußes dient als Anhaltspunkt. Sie können auch einen Saumführer oder einen Lego-Baustein verwenden, den Sie mit Klebeknete oder Klebeband befestigen.

6 **Die fertige Gürtelschlaufe.** Die Schlaufen in gleich lange Teile schneiden und an das Kleidungsstück nähen.

SCHLAUFEN MIT DEM GÜRTELSCHLAUFENFUSS

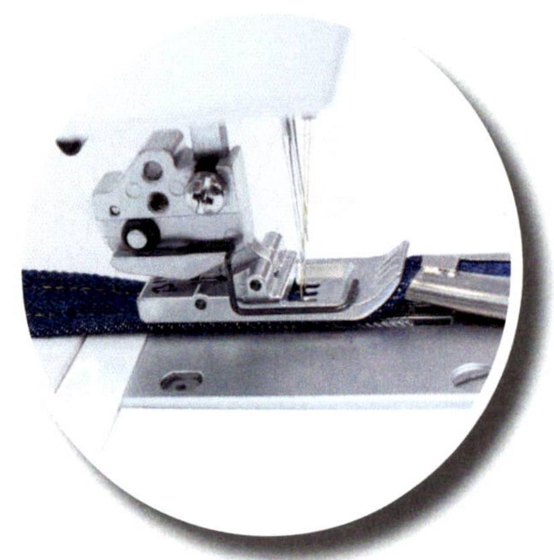

Mit dem Gürtelschlaufenfuß erstellen Sie professionell aussehende Gürtelschlaufen in wenigen Minuten. Bei einigen Coverlocks ist dieser Fuß als Zubehör erhältlich. Sie können aber auch ein markenloses Teil kaufen und mit Klebeband befestigen.

VORAUSSETZUNGEN

- Gürtelschlaufenfuß
- Normales Nähgarn für die Nadeln (einige Coverlocks vertragen kein Topstitch-Garn als Nadelfaden)
- Overlockgarn als Greiferfaden
- Breiter 2-Nadel-Coverstich
- Nadeln der Stärke 90/14

1 Streifen für die Schlaufen zuschneiden. Den Stoff im Fadenlauf zuschneiden. Die Breite beträgt das Doppelte der Gürtelschlaufen mit etwas Zugabe, wenn die Kanten des Fußes sich in der Mitte treffen. Wenn die Kanten sich überlappen, entnehmen Sie die Zugabe der Gebrauchsanleitung.

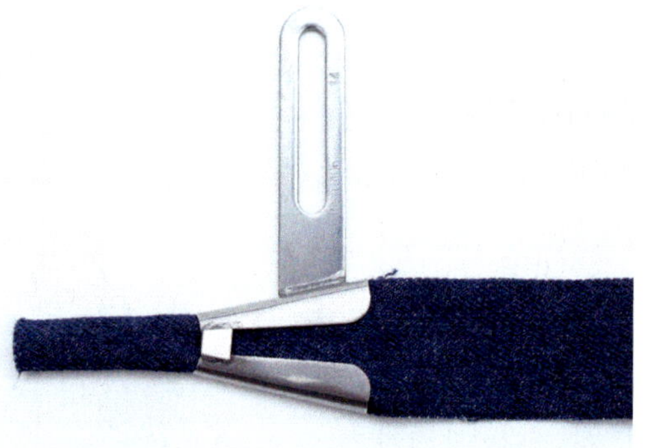

2 Streifen in den Gürtelschlaufenfuß legen. Ziehen Sie etwa 5 cm heraus, damit der Fuß beim Nähen den Stoff richtig erfasst.

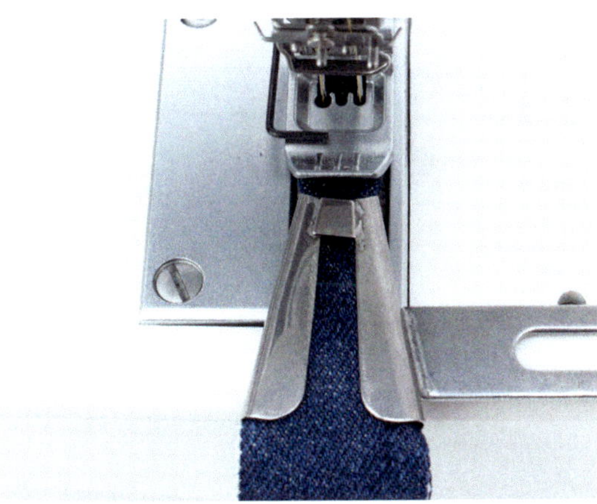

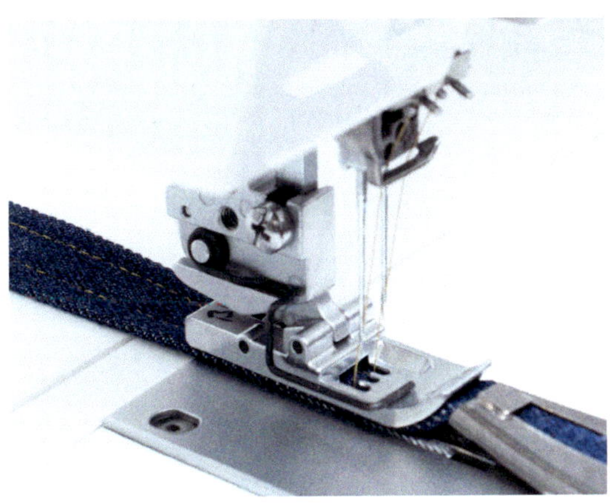

3 **Gürtelschlaufe nähen.** Den Fuß befestigen und die gefaltete Schlaufe unter den Nähfuß schieben. Die Nadeln sollten beim ersten Stich den Stoff treffen.

4 **Genau in der Mitte nähen.** Falls erforderlich, den Gürtelschlaufenfuß etwas bewegen.

5 **Die fertige Gürtelschlaufe.** Die Schlaufen in gleich lange Teile schneiden und an das Kleidungsstück nähen.

JEANSSAUM MIT KETTSTICH

Viele Kenner meinen, dass Jeans mit einem Kettstich und nicht mit einem Geradstich zu säumen sind. Zum einen gilt das als traditionelle Methode und zum anderen bildet der Kettstich über Jahre eine leichte Welle, den sogenannten Roping Effect (Faltenbildung am Saum).

Allerdings löst der Kettstich sich leichter auf, also sichern Sie die Naht richtig.

VORAUSSETZUNGEN

- Normales Nähgarn für die Nadeln (einige Coverlocks vertragen kein Topstitch-Garn als Nadelfaden)
- Overlockgarn oder normales Garn als Greiferfaden
- 1-Nadel-Kettstich
- Nadeln der Stärke 90/14

Vorbereitung

Die seitlichen Nähte zusammennähen. Der Saum kann offen bleiben oder mit einem Overlock- oder Zickzackstich versäubert werden. Der offene Saum trägt weniger auf und fasert nach dem Falten und Vernähen auch nicht aus.

Nähen Sie eine Probe mit dem Stoff, um die richtigen Einstellungen zu finden. Bei schweren Webstoffen wie Denim müssen Sie vermutlich die Spannung ändern, den Differentialtransport reduzieren und den Nähfußdruck erhöhen.

1 **Den Saum falten und bügeln.** Der Standardsaum bei Jeans ist etwa 1,5 cm breit.

2 **Erneut falten und bügeln.** Bei der zweiten Faltung dient die Stoffkante als Führung. Sie müssen kein zweites Mal messen.

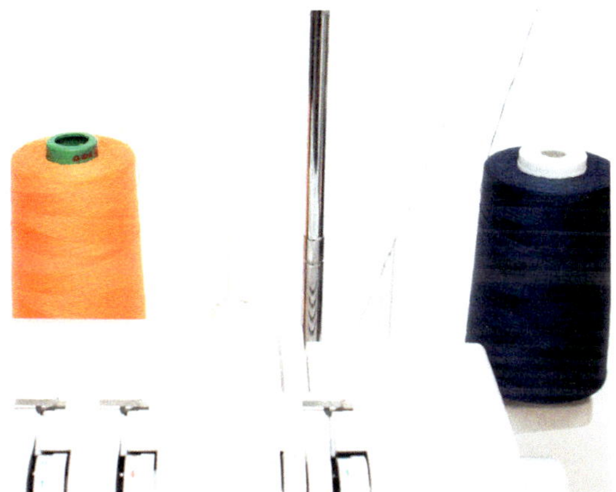

3 **Die Maschine vorbereiten.** Nehmen Sie Nähgarn als Nadelfaden und Overlockgarn oder Nähgarn als Greiferfaden. Das Garn links auf dem Bild ist normales Nähgarn auf Konen. Nehmen Sie Nadeln der Stärke 90/14 und stellen Sie die Maschine auf den 1-Nadel-Kettstich.

4 **Beginnen Sie unmittelbar nach der Innennaht.** Da die Coverlockmaschine empfindlich auf dicke Stofflagen reagiert, beginnen Sie nicht an einer Naht.

5 **Nah an der oberen Faltkante nähen.** Den Stoff gleichmäßig zuführen, nicht daran ziehen.

6 **Benutzen Sie eine „Stoffhebamme" beim Nähen über die Seitennähte.** Legen Sie diese unter den Nähfuß, um ihn anzuheben. So wird der Stoff gleichmäßig zugeführt und es kommt nicht zu Fehlstichen.

7 **Die Naht schließen.** Den Kettstich ein paar Stiche überlappen lassen.

8 **Kleidungsstück entnehmen.** Die Fäden lösen, die Nahtenden mit zwei Fingern greifen und das Kleidungsstück vorsichtig entnehmen.

9 **Das Sichern vorbereiten.** Den Nadelfaden mit einer Nähnadel auf die Rückseite ziehen. Der Fadenanfang wird abgeschnitten, er muss nicht gesichert werden.

10 **Greiferfaden in das Nadelöhr führen.** Ist die Nadel auf der Rückseite, das Ende des Greiferfadens in das Nadelöhr führen, sodass nun Nadel- und Greiferfaden im Nadelöhr sind.

11 **Fadenenden sichern.** Die Fäden mit Hilfe der Nadel verknoten und den Knoten am Stoff sichern. Überstehende Fäden abschneiden.

12 **Der fertige Saum.** An der Innenseite des Saumes ist bereits eine leichte Wellung zu erkennen. Sie ist das Zeichen für den Kettstich und wird im Lauf der Zeit noch stärker werden.

BÜNDCHENSTOFFE FÜR ÄRMEL- UND HALSBÜNDCHEN

Beim Vernähen von Hals- und Ärmelbündchen sorgen Sie mit Knipsen für eine gleichmäßige Verteilung des Stoffes. Nach der Befestigung der Bündchen wird die Nahtzugabe mit einem Coverstich vernäht, was sehr professionell aussieht und die Naht in Position hält.

VORAUSSETZUNGEN

- Schmaler oder breiter 2-Nadel-Coverstich oder 1-Nadel-Kettstich
- Rippbündchen, Interlock oder Stoff des Kleidungsstücks
- Nähmaschine oder Overlock
- Nadeln der Stärke 80/12 oder 90/14
- Rollschneider oder scharfe Schere

DIE GRÖSSE DES BÜNDCHENS ERMITTELN

- Das Bündchen sollte stets kürzer sein als die Breite des Kleidungsstücks. Hier sind ein paar allgemeine Regeln, aber Sie sollten auf alle Fälle ein Probestück nähen.
- **Halsausschnitt:** 65–75 % (je nach Rücksprung des Bündchenstoffs und Radius des Halsausschnitts)
- **Ärmellose Armöffnungen:** etwa 80 %
- **Taille:** 95 % für einen glatten Look, wie er jetzt modern ist. Etwa 80 % für einen Retro-Look.
- **Ärmelbündchen:** 95 % für einen modernen glatten Look, 80 % für den klassischen gerafften Stil für Sweatshirts und -hosen.

KNIPSE FÜR DIE GLEICHMÄSSIGE VERTEILUNG

- Die Knipse müssen zum Kleidungsstück passen. So machen Sie bei einem Halsausschnitt Knipse in der Mitte vorn und hinten und an den Schulternähten.
- Hat die Einfassung 75 % des Halsausschnitts, sollten die Knipse auch 75 % der entsprechenden Länge des Halsausschnitts betragen. Wenn der Abstand von der Rückenmitte zur Schulter 10 cm beträgt, sollte die Einfassung eine Länge von 7,5 cm haben.

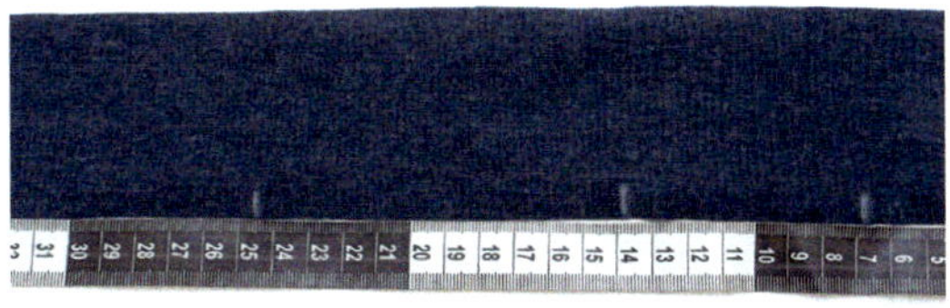

1 **Bündchen zuschneiden.** Bündchenstoffe lassen sich am besten mit dem Rollschneider und einem Lineal zuschneiden. Aber eine Musterpapierschablone und eine Schere tun es auch, solange die Schere scharf ist und Sie gerade schneiden.

2 **Knipse auf dem Bündchen markieren.** Knipse in der Mitte vorn und hinten und an den Schulternähten markieren. Hat die Einfassung 75 % des Halsausschnitts, sollten die Knipse auch 75 % der entsprechenden Länge des Halsausschnitts betragen.

3 **Band nähen und umfalten.** Dafür eignet sich ein Overlockstich oder eine elastische Naht auf der Nähmaschine. Ripp umfalten.

TIPP: Einen flachen Umbruch erhalten Sie, wenn Sie die Nahtzugabe an der Umbruchstelle einschneiden und in die Gegenrichtung bügeln, sofern die Naht robust genug ist.

4 **Knipse ausrichten.** Knipse am Kleidungsstück anbringen und an den Knipsen des Bündchenstreifens ausrichten.

5 **Einfassung annähen.** Mit einem Overlockstich oder einer elastischen Naht auf der Nähmaschine annähen. Das Bündchen beim Nähen etwas dehnen, damit die Knipse aufeinander passen.

6 **Einfassung flachbügeln.** Nach dem Nähen sollten Sie die Einfassung bei niedriger Temperatur flachbügeln, um eventuelle Falten zu entfernen. Prüfen Sie zunächst, ob das Material gebügelt werden kann.

7 **Einfassung mit Coverstich vernähen.** Entweder nur über die Nahtzugabe oder links und rechts der Naht nähen (Tutorials dazu auf den S. 84–87). Mit einem schmalen oder breiten 2-Nadel-Coverstich oder einem 1-Nadel-Kettstich vernähen.

8 **Die fertige Halseinfassung.** In der Industrie ist es üblich, die Nahtzugabe des Ripps mit einer Covernaht abzudecken.

TIPP: Eine Kontrastfarbe beim Nadelfaden hat einen dekorativen Effekt.

V-APPLIKATION AM SWEATSHIRT

Dreieckige Einsätze gibt es an Sweatshirts, seit sie Mitte des letzten Jahrhunderts populär wurden. In der Textilindustrie werden dazu keilförmige Einsätze mit einer Coverlock vernäht. Mit Ihrer eigenen Coverlock erzielen Sie einen ähnlichen Effekt mit einem umgekehrten Coverstich und einer dreieckigen Applikation.

VORAUSSETZUNGEN

- Jerseystoff für die Applikation (möglichst in einer Kontrastfarbe)
- 2- oder 3-Nadel-Coverstich
- Textilmarker und Lineal
- Overlockgarn oder Ziergarn im Greifer
- Eine große Nähnadel zum Ziehen der Fäden

Vorbereitung

Ein Dreieck zuschneiden. Diese Applikationen sind meist 4–6 cm breit an der oberen Kante und etwa 6 cm lang von der oberen Kante bis zur Spitze. Die obere Kante sollte der Rundung des Halsausschnitts folgen.

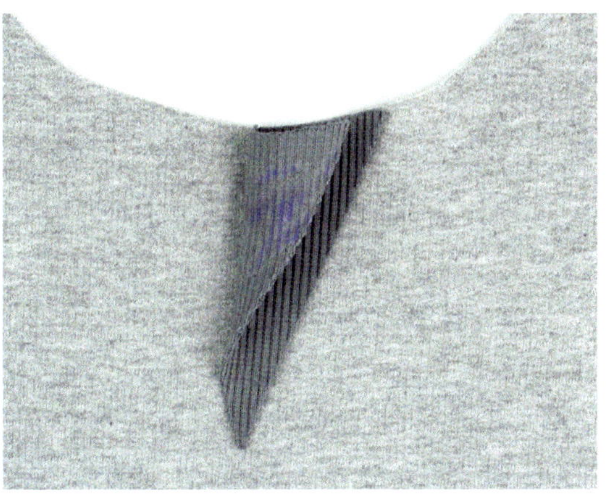

1 **Applikation befestigen.** Mit Textilkleber oder wasserlöslichem Klebestift fixieren. Die Applikation sollte genau in der Mitte sein und gerade sitzen.

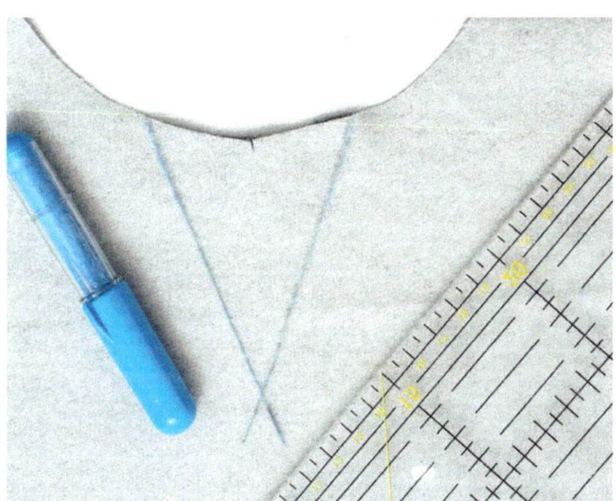

2 **Auf der Rückseite ein V markieren.** Eine gängige Länge ist 10 cm. Die Linien sollten direkt außerhalb der Applikation sein. Die Linien überschneiden sich und werden zu einem X weitergeführt.

3 **Applikation annähen.** Am unteren Punkt der ersten Linie beginnen. Ein Stich mit drei Nadeln wirkt dekorativer, aber einer mit zwei Nadeln lässt sich auch verwenden. Die äußere Nadel folgt der markierten Linie.

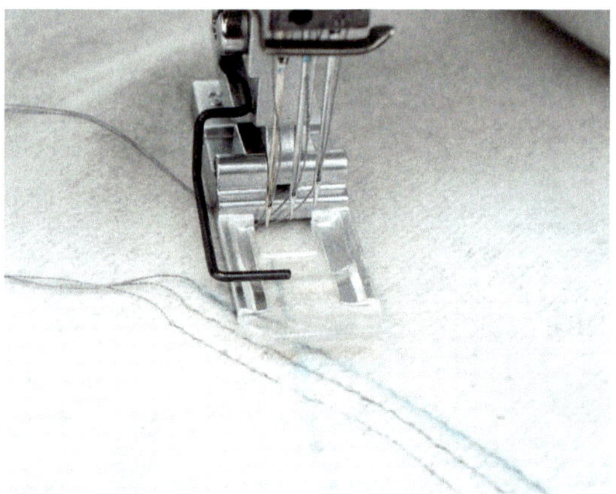

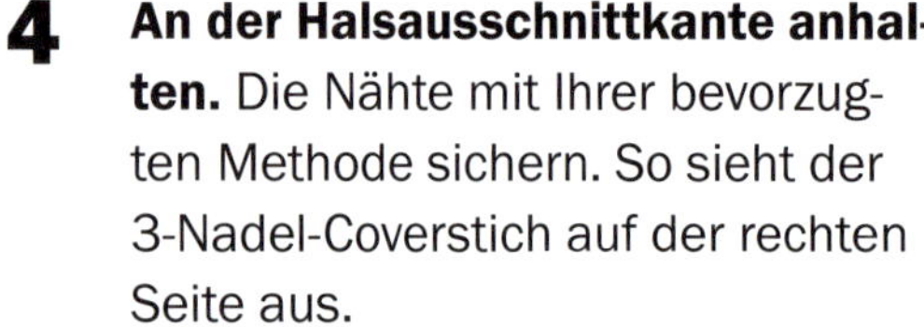

4 **An der Halsausschnittkante anhalten.** Die Nähte mit Ihrer bevorzugten Methode sichern. So sieht der 3-Nadel-Coverstich auf der rechten Seite aus.

5 **An der anderen Linie wiederholen.** Beide Linien verlaufen im Winkel zueinander.

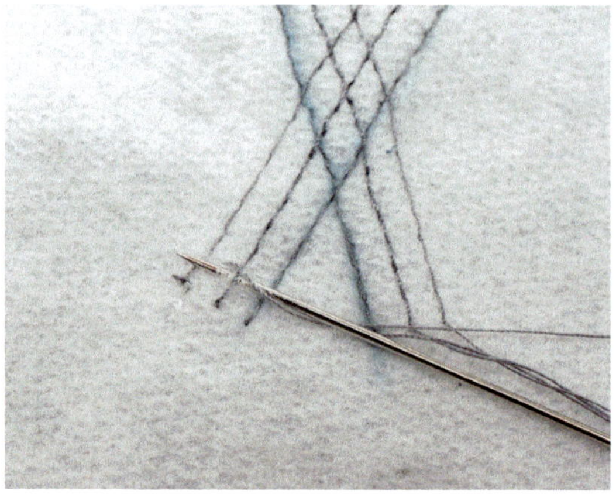

6 **Den Greiferfaden zur Rückseite ziehen.** Dafür eine Nähnadel benutzen.

7 **Den Faden an einem Stich auf der Rückseite befestigen.**

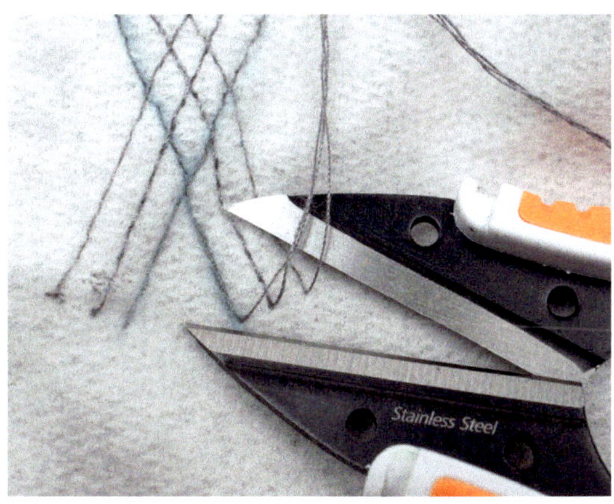

8 **Die Nadelfäden abschneiden.** Der Beginn einer Covernaht ist automatisch gesichert und kann sich nicht auflösen.

9 **Die Applikation von rechts.** Nun kann der Pulli wie gewohnt fertig genäht werden.

10 **Der fertige Pulli.** Oben wird die Applikation vom Halsbündchen eingefasst, sodass sich die unteren Fäden nicht lösen.

11 **TIPP:** Sie können das dekorative V auch ohne Applikation nähen. Einfach die Linien wie in Schritt 2 beschrieben ziehen und auf die gleiche Art nähen.

DEKORATIVE SEITENTASCHE

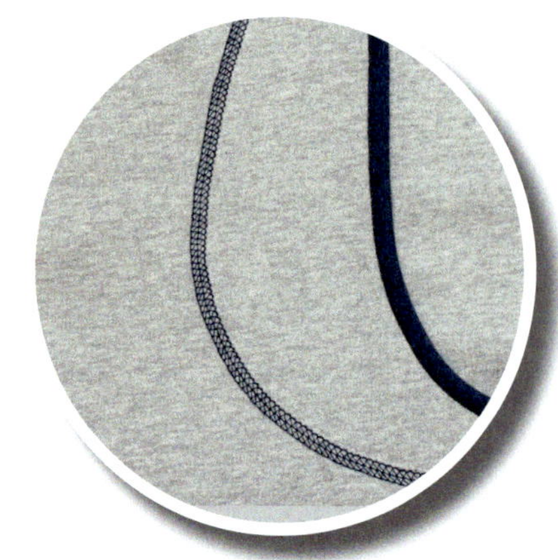

Diese markante Taschenkonstruktion nutzt zwei Techniken der Coverlock: Einfassungen und den umgekehrten Coverstich. Das passt gut zu Loungewear und Activewear und ist auch sonst vielseitig einsetzbar.

VORAUSSETZUNGEN

- Ripp
- Stoff des Kleidungsstücks
- 3-Nadel- oder breiter 2-Nadel-Coverstich
- Overlockgarn als Nadelfaden
- Overlockgarn oder Bauschgarn im Greifer
- Heftfaden oder Textilkleber (optional)

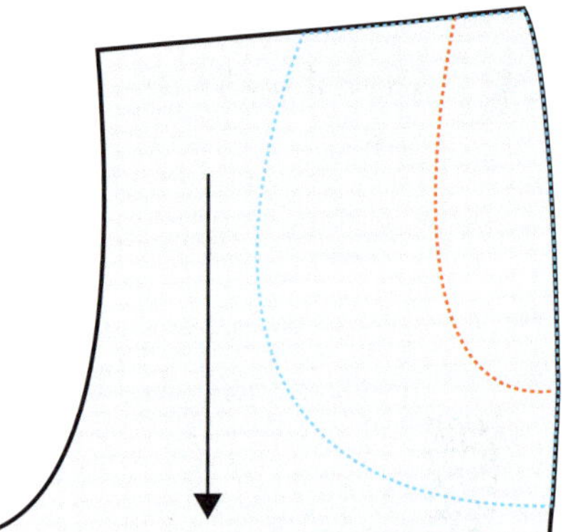

TASCHEN ZEICHNEN

1. Legen Sie Pauspapier auf das Schnittmuster des Kleidungsstücks und ziehen Sie Seite, Taille und Fadenlauf nach.
2. Form der Tasche auf das Pauspapier zeichnen (blaue Linie).
3. Taschenöffnung zeichnen (orangefarbene Linie).
4. Die Tasche an der blauen Linie nachziehen.
5. Die Taschenöffnung am ursprünglichen Kleidungsstück entlang der orangefarbenen Linie (A) ausschneiden.
6. Ein separates Teil für das Taschenstück (B) zeichnen.
7. Knipse und Nahtzugaben zeichnen (falls sie im Muster fehlen).

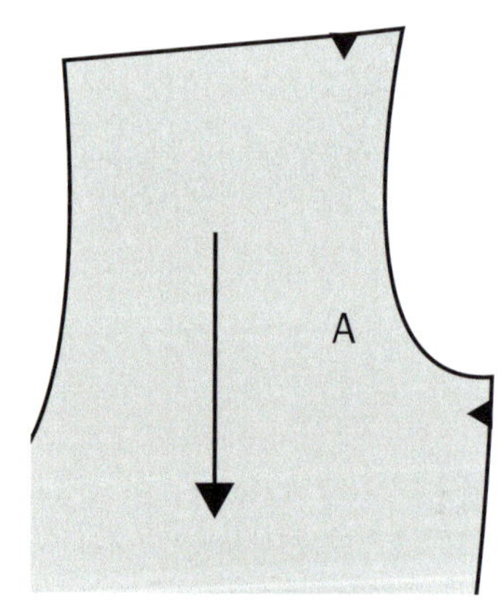

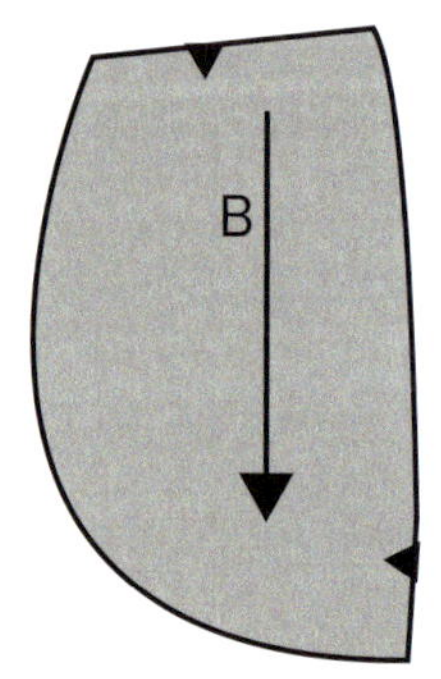

1 **Vorder- und Taschenteil zuschneiden.**

2 **Den Einfassstreifen zuschneiden.** Eine Breite von etwa 2,5 cm einschließlich Nahtzugabe ist empfehlenswert. Das Teil muss etwa 10 cm länger sein als die Taschenöffnung.

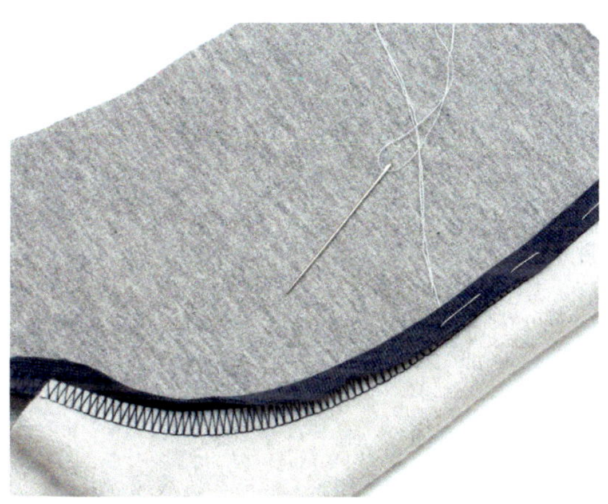

3 **Einfassstreifen annähen.** Einen Overlockstich wählen und beim Nähen die Einfassung dehnen, damit sie in den Rundungen flach liegt. Auf jeder Seite etwa 5 cm des Streifens überstehen lassen. Das vereinfacht das Absteppen.

4 **Einfassstreifen falten.** Mit langen Stichen oder Textilkleber anheften, damit die Faltung nicht verrutscht.

5 **Einfassstreifen covern.** Bei einer schmalen Einfassung wirkt ein 1-Nadel-Kettstich sauber. Fangen Sie an den überstehenden Enden zu nähen an.

6 **Die vernähte Einfassung.** Nun ist es Zeit für das Taschenstück.

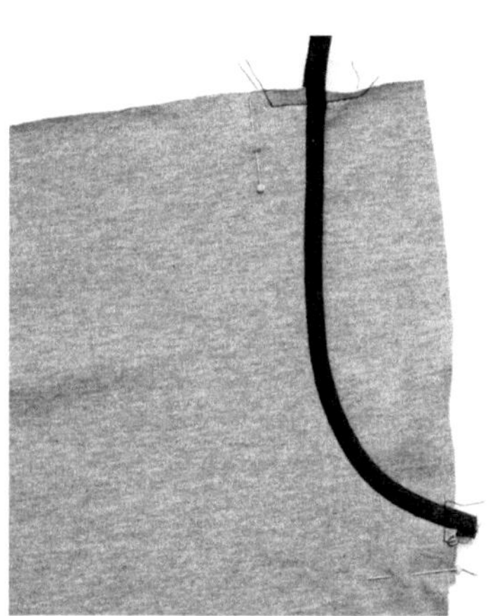

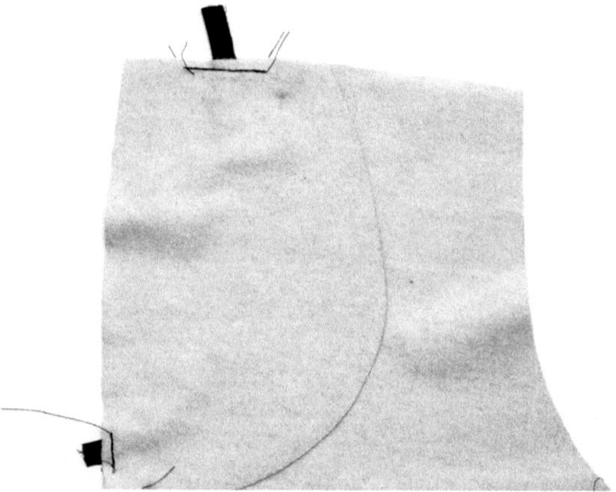

7 **Taschenstück befestigen.** Es muss genau an den Knipsen liegen. Die Kanten anheften, um sie beim Nähen in Position zu halten.

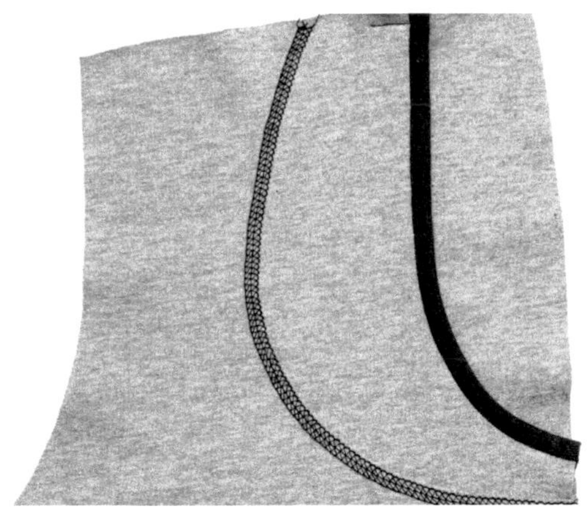

8 **Mit einem umgekehrten Coverstich vernähen.** Mit einem 3-Nadel-Coverstich oder einem breiten 2-Nadel-Stich die Tasche rundum von links annähen. Die äußere Nadel an der Taschenkante entlangführen.

9 **Die fertige Tasche.** Nun werden die Seitennähte vernäht und der Bund wird angenäht.

QUELLEN ZUR COVERLOCKMASCHINE

VON JOHANNA LUNDSTRÖM

The Last Stitch
thelaststitch.com/category/coverstitch

The Last Stitch on Youtube
youtube.com/thelaststitchtv

ANDERE QUELLEN

Coverstitching by Hilde
coverstitching.com

Facebook-Diskussionsgruppe zur Coverlock
facebook.com/groups/Hilde.Coverstitch

Anleitung zur Coverlock von Melissa Fehr
seamwork.com/issues/2015/06

Anleitungen für Stiche und Nähte mit der Coverlock
stitchesandseams.blogspot.com

DANKSAGUNG

Nachdem ich 2017 mein erstes Buch *Sewing Activewear: How to make your own professional-looking athletic wear* veröffentlicht hatte, sagte ich mit Überzeugung, dass ich in den nächsten Jahren kein weiteres Buch schreiben würde. Da konnte ich noch nicht ahnen, dass ich nur ein Jahr später ein weiteres Buch abschließen würde – und das haben Sie nun vor sich.

Besonders motiviert hat mich die Gemeinschaft der Nähbegeisterten, mit denen ich online und offline kommuniziere. Danke für das Lob, die Vorschläge und die Meinung, dass ein Buch über Coverlocks sehr gefragt ist.

Ich möchte auch allen meinen Mentoren danken, die über die Jahre ihr Wissen mit mir geteilt haben. Zwei von ihnen stelle ich in diesem Buch vor. Vielen Dank, Yvonne und Kicci!

Dieses Buch war zwar mehr oder weniger ein Solo-Projekt, da ich es selbst gestaltet und verlegt habe, aber eine Person hat mir geholfen, den Inhalt auf den richtigen Kurs zu bringen. Mein Dank geht an Kylie Walker, die mich als Redakteurin unterstützt hat.

Und schließlich danke ich meiner Familie, die mich bei diesen wahnwitzigen Unternehmungen stets unterstützt hat.

Johanna

REGISTER

P

R

S

T

U

V

W

Y

Z

NOTIZEN

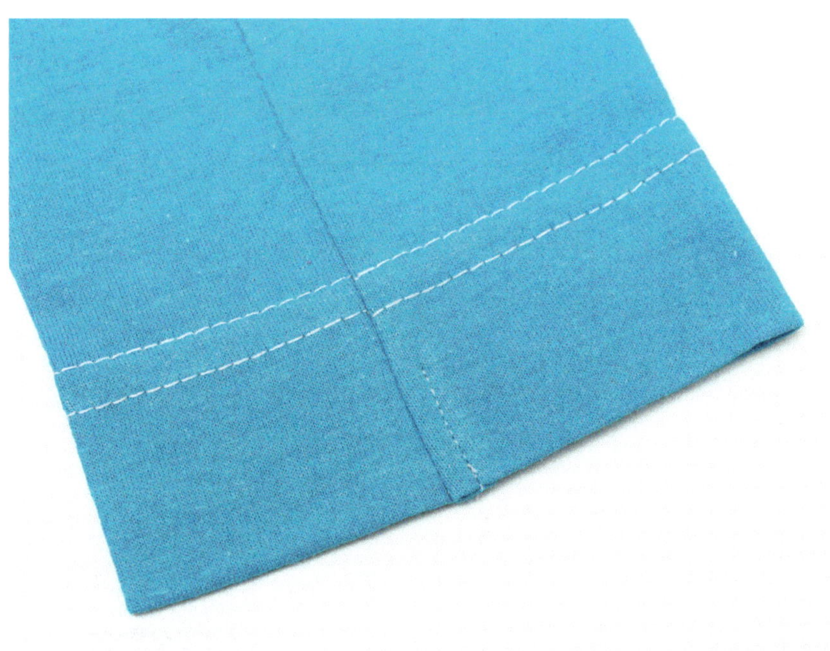